CB048503

DO MARXISMO AO PÓS-MARXISMO?

Göran Therborn

DO MARXISMO AO PÓS-MARXISMO?

Tradução
Rodrigo Nobile

Tradução do original em inglês *From Marxism to Post-Marxism?*
(Londres, Verso, 2008)

Coordenação editorial
Ivana Jinkings

Editora-adjunta
Bibiana Leme

Tradução
Rodrigo Nobile

Preparação
Mariana Echalar

Revisão
Mônica Santos

Capa
Antonio Kehl
sobre Paul Klee, "Paukenspieler" [Tocador de timbales],
guache sobre papel sobre cartão, 1940

Produção e diagramação
Livia Campos

CIP-BRASIL. CATALOGAÇÃO-NA-FONTE
SINDICATO NACIONAL DOS EDITORES DE LIVROS, RJ

T357d

Therborn, Göran, 1941-
Do marxismo ao pós-marxismo? / Göran Therborn ; tradução Rodrigo Nobile. - São Paulo : Boitempo, 2012.

Tradução de: From marxism to post-marxism?
Inclui índice
ISBN 978-85-7559-166-6

1. Marx, Karl, 1818-1883. 2. Socialismo - História - Séc. XX. 3. Filosofia marxista. 4. Teoria crítica. I. Título.

11-7787.

CDD:335.409
CDU: 330.85(09)

1ª edição: abril de 2012; 1ª reimpressão: abril de 2018

BOITEMPO EDITORIAL
Jinkings Editores Associados Ltda.
Rua Pereira Leite, 373
05442-000 São Paulo SP
Tel./fax: (11) 3875-7250 / 3872-6869
editor@boitempoeditorial.com.br | www.boitempoeditorial.com.br
www.blogdaboitempo.com.br | www.facebook.com/boitempo
www.twitter.com/editoraboitempo | www.youtube.com/tvboitempo

Sumário

Introdução

Nosso tempo e a idade de Marx

Nascido em 1818, Karl Marx tem mais ou menos a mesma idade das independências latino-americanas. Os primeiros brados pela independência datam de 1810, apesar de as batalhas anticoloniais decisivas do México e do Peru terem sido travadas nos anos 1820. Na América Latina, os preparativos para a comemoração do bicentenário em 2010 já começaram . Marx é, sem dúvida, mais jovem que os protagonistas das lutas de libertação latino-americanas – mais jovem que Simón Bolívar, por exemplo, que foi alçado recentemente a guia espiritual da revolução na Venezuela –, já que nasceu nos anos negros da reação europeia, da Santa Aliança da contrarrevolução. Contudo, as sementes da modernidade estavam profundamente enraizadas no solo econômico e cultural da Europa Ocidental, e Karl foi testemunha de seu primeiro florescimento. O *Manifesto Comunista* apareceu – muito à frente de seu tempo, com sua visão do capitalismo globalizado e das lutas da classe operária – durante a "Primavera dos Povos", como foram chamadas as revoluções de fevereiro a março de 1848.

No que se refere a suas contrapartidas literárias, Marx é bem mais novo que, digamos, Rumi, Dante, Cervantes ou Shakespeare e, como teórico social e político, mais novo que Hobbes e Locke, por exemplo, heróis da política acadêmica de Cambridge na época em que Marx nasceu, sem falar dos sábios clássicos, como Platão, Aristóteles, Confúcio e Mêncio.

Hoje, é muito mais difícil determinar a longevidade de um intelectual do que prever a expectativa de vida do ser humano. O que poderíamos dizer sobre a capacidade de resistência de Marx? À medida que nos aproximamos do bicentenário de nascimento do homem, o conjunto do trabalho que leva seu nome está morto (desde quando?), morrendo, envelhecendo ou amadurecendo? Sua ressurreição é possível? Não há dúvida de que seria impossível defender que o fundador do materialismo histórico seja intemporal ou eternamente jovem.

Qualquer resposta apropriada a essa pergunta deve levar em conta o fato de que Marx era um grande articulador e uma personalidade multidimensional. Era um intelectual, um filósofo social do Iluminismo radical, um cientista e historiador social, um estrategista e líder político – primeiro da diaspórica Liga Comunista e depois da Associação Internacional dos Trabalhadores. Com o passar dos anos, esses personagens múltiplos ganharam significados e implicações muito diferentes. A política é inegavelmente a peça fundamental do legado marxista, mas ninguém nunca afirmou que Marx era um grande líder político. Ele serviu como fonte de inspiração política e bússola social para a navegação política, mas o político Marx está morto há muito tempo. Poucos ou nenhum cientista social ou historiador negariam que a metodologia, a compreensão e o conhecimento social e histórico avançaram nos últimos 125 anos, desde que a derradeira doença de Marx pôs fim ao trabalho no manuscrito de *O capital*. Mas o assunto aqui é mais complicado, porque tanto as análises sociais contemporâneas quanto as históricas continuam a se basear nos "clássicos" não apenas como inspiração, mas também como temas de pesquisa, conceitos, apreciações interessantes e ideias intrigantes. Émile Durkheim, Alexis de Tocqueville e Max Weber são clássicos contemporâneos nesse sentido, como são também Ibn Khaldun e Maquiavel, embora muitos séculos mais velhos. Além disso, os grandes filósofos nunca morrem: eles passam tanto por períodos de hibernação quanto de florescimento que duram com frequência algo entre os ciclos de Kondratiev e as eras climáticas.

Este livro concerne mais ao Marx-*ismo* que a Marx. No entanto, no que diz respeito a Marx em nossa época, a impressão que tenho é que ele está amadurecendo, como um bom queijo ou um vinho de safra – não recomendável para festas dionisíacas ou pequenos goles na frente de batalha. Ele é, de preferência, uma companhia estimulante para o pensamento profundo sobre os significados da modernidade e da emancipação humana.

Para o bicentenário vindouro, eu proporia três brindes. O primeiro, a Karl Marx como proponente da razão emancipadora, de uma atenta inquirição racionalista do mundo, comprometida com a libertação humana da exploração e da opressão. O segundo, à abordagem materialista histórica que faz das ciências sociais – em outras palavras, a seu entendimento do presente como história, com particular atenção às condições de vida e trabalho das pessoas comuns e à materialidade econômica e política do poder –, uma abordagem que não é para ser seguida como um manual, mas como uma ampla diretriz, acompanhada da motivação para levá-la além. Em terceiro, Karl deveria ser brindado por sua abertura dialética – sua sensibilidade e compreensão das contradições, antinomias e conflitos da vida social.

Creio que o Marx-*ismo* tem um futuro incerto pelas razões que explicarei a seguir. Mas o próprio Marx estava preso à longa vida de alternâncias de primaveras, verões, outonos e invernos, vivida por tantos grandes pensadores da humanidade, de Confúcio e Platão em diante.

A natureza deste estudo

Este livro foi planejado como um mapa e uma bússola. É uma tentativa de entender as mudanças sociais e intelectuais radicais entre o século XX – num sentido importante, o século do marxismo – e o século XXI, que começou nos anos 1978-1991, quando a China se voltou para o mercado e o sistema soviético entrou em colapso na Europa e na própria União das Repúblicas Socialistas Soviéticas (URSS). Não tem a pretensão de ser uma história intelectual ou uma história das ideias, e pode ser visto mais como um diário de viajante, como notas despretensiosas colocadas no papel após uma longa e árdua viagem por montes, desfiladeiros, ladeiras e becos do marxismo do século XX – e início do século XXI.

Este livro tem dois propósitos. O primeiro é situar a prática política e o pensamento de esquerda do início do século XXI no marco do século anterior. O segundo é oferecer um panorama sistemático do pensamento de esquerda no Norte no começo deste século e compará-lo com o marxismo do período precedente. Embora me abstenha de defender qualquer caminho ou interpretação particular, não quero esconder que este trabalho foi escrito por um acadêmico que não abandonou seu compromisso com a esquerda. De fato, foi esse compromisso que me motivou a escrever este livro.

Esses dois objetivos são perseguidos em três capítulos diferentes, de origens diversas. O primeiro, sobre os espaços de pensamento e as práticas de esquerda, foi apresentado inicialmente no México, numa conferência organizada por senadores do Partido da Revolução Democrática em abril de 2001, e publicado posteriormente, com uma revisão pós-11 de Setembro, no número 10 da *New Left Review*. Aqui, ele foi significativamente reestruturado e reescrito. O segundo é uma tentativa de identificar o legado do marxismo do século XX como teoria crítica e deriva de uma contribuição à primeira edição de *The Blackwell Companion to Social Theory* (datada de 1996 e editada por Bryan Turner, que também editou a segunda, de 2000). Foi reimpresso aqui com pequenas alterações, sobretudo para evitar repetições no ensaio subsequente. O terceiro capítulo, sobre o pensamento radical mais recente, originou-se de minha contribuição ao *The Handbook of Contemporary European Social Theory* (editado por Gerard Delanty para a Routledge, em 2006), que posteriormente foi ampliado e adaptado ao inglês norte-americano para publicação no número 43 da *New Left Review*.

Atualizei e, de certo modo, ampliei-o aqui; alguns erros – apontados pelos leitores da *New Left Review* e gentilmente encaminhados a mim – foram corrigidos e certos argumentos contextuais foram deslocados para outros capítulos.

Como um acadêmico com interesses globais, tento situar a esquerda no espaço global. Mas admito de partida que um panorama sistemático do pensamento radical do Sul estava além de minha competência linguística, bem como de minhas limitações de tempo. Reconheço, porém, o rico legado do requintado pensamento de esquerda no Sul, pois é aqui que o futuro provavelmente deverá ser decidido.

Cambridge, outubro-novembro de 2007

1. Rumo ao século XXI: os novos parâmetros da política global

A política é pensada e disputada, políticas são forjadas e implementadas, ideias políticas nascem e morrem – todas dentro de um espaço global. O espaço em si não decide nada: somente os atores e suas ações podem fazer isso. Mas é essa dimensão – há muito global, em muitos aspectos, mas agora mais densa em sua conectividade mundial – que sustenta esses atores com suas forças e debilidades, suas restrições e oportunidades. O espaço dá as coordenadas de seus movimentos políticos. Habilidade e responsabilidade na arte da política, sorte e talento – e seus opostos – são constantes, mas é o espaço que em grande medida distribuiu as cartas aos atores políticos.

Esse espaço global compreende três planos principais. O primeiro é o socioeconômico, que estabelece as precondições para a orientação social e econômica da política – em outras palavras, para a esquerda e para a direita. O segundo é o cultural, com seus padrões predominantes de crenças e identidades e os principais meios de comunicação. O terceiro é o geopolítico, que estabelece os parâmetros de poder nos confrontos entre e contra os Estados. Este capítulo procura mapear o espaço social da política de esquerda e direita desde os anos 1960 à primeira década do século XXI. Não se trata de uma história política nem de um programa estratégico, embora se dê alguma relevância a ambos. Trata-se de uma tentativa de identificar as forças e as debilidades da esquerda e da direita, em sentido amplo e imparcial – ambas no passado recente, ainda interferindo no presente e dentro das correntes emergentes.

O espaço geopolítico completo será evocado apenas naquilo em que afetar mais diretamente a política de esquerda e direita. No que concerne às concepções destacadas, no entanto, uns poucos pontos de esclarecimento podem ser necessários. É óbvio que a distinção analítica entre esses dois elementos não implica que sejam literalmente distintos. No mundo concreto, os espaços social e geopolítico são conjuntos. Todavia, é importante não confundi-los.

A Guerra Fria, por exemplo, teve uma importante dimensão de esquerda e direita – a da competição entre as modernidades socialista e capitalista. Mas teve também uma dinâmica geopolítica específica, que jogou as duas superpotências globais uma contra a outra e arrastou, em cada um dos lados, aliados, clientes e amigos. Qual dessas duas dimensões foi a mais importante ainda é uma questão controversa.

Os recursos, as oportunidades e as opções dos atores interterritoriais no plano geopolítico são gerados por uma variedade de fatores – inclinação militar, peso demográfico, poder econômico, localização geográfica, entre outros. Para o entendimento da política de esquerda e direita que nos concerne, dois outros aspectos são particularmente significativos: a distribuição do poder geopolítico no mundo e o caráter social dos atores interterritoriais ou transterritoriais.

Em relação ao primeiro, devemos observar que a distribuição do poder mudou dramaticamente nos últimos quarenta anos e não apenas em uma direção. O período começa com o processo de gestação da primeira derrota militar dos Estados Unidos em sua história, no Vietnã, e com a ascensão da União Soviética a uma paridade militar muito próxima. Posteriormente, houve o colapso da União Soviética e os Estados Unidos proclamaram vitória na Guerra Fria. Apesar de, em 1956, o fiasco da invasão franco-inglesa-israelense a Suez ter assinalado o fim do poder militar europeu em escala mundial, a Europa – como União Europeia – reapareceu na forma de uma grande potência econômica e um laboratório continental para uma complexa relação entre Estados. No início desse período, o Japão era uma estrela econômica ascendente; hoje, está perdendo o vigor econômico e envelhecendo rapidamente. Em contraste, o crescimento espetacular da China por décadas a fio tem dado musculatura econômica para seu grande peso demográfico.

O caráter social dos atores interterritoriais pode ser lido não apenas pelo prisma dos regimes de Estado, mas também pela orientação e pelo peso de forças não estatais. Dois novos tipos de atores internacionais – com significados sociais divergentes – tornaram-se cada vez mais importantes durante esse período[1]. O primeiro são as organizações interestatais transnacionais, como o Banco Mundial, o Fundo Monetário Internacional (FMI) e a Organização Mundial do Comércio (OMC), que serviram conjuntamente como a principal ponta de lança neoliberal da direita (embora houvesse algumas vozes dissonantes no Banco Mundial). O segundo é o conjunto menos denso de redes transnacionais, movimentos e *lobbies* a favor de questões globais que surgiram como atores progressistas muito

[1] É claro que as empresas multinacionais são um componente do capitalismo com a mesma idade.

significativos na arena mundial – de início por suas ligações com os mecanismos das Nações Unidas, como as convenções de direitos humanos e conferências internacionais importantes sobre as mulheres e a população e, mais recentemente, por sua mobilização contra a liberalização comercial.

Resumindo, embora os Estados Unidos tenham se tornado a única superpotência, o espaço geopolítico não se tornou unipolar; ao contrário, ele começa a assumir novas formas de complexidade.

Estados, mercados e formações sociais

O espaço social da política moderna tem ao menos três parâmetros cruciais: Estados, mercados e "formações sociais"[2]. Os dois primeiros são complexos institucionais bem conhecidos e altamente perceptíveis. O terceiro pode exigir explicação. Diz respeito à constituição dos atores sociais – um processo influenciado, é claro, por Estados e mercados, mas com força própria, derivada de formas de convivência e domicílio, religiões e instituições familiares. Envolve não apenas uma estrutura de classe, como, mais fundamentalmente, uma variedade de causas "sem classe". Pode ser útil neste ponto evocar uma diferenciação mais abstrata e analítica da formação social que as diferenciações convencionais de força ou tamanho de classe ou identidades categoriais, como classe, gênero e etnia. As formações que quero destacar são as socioculturais, com ênfase mais nas orientações culturais amplas e socialmente determinadas do que apenas nas categorias estruturais. Sugiro aqui como dimensões-chave a irreverência-deferência e o coletivismo-individualismo (esquematizados na Figura 1.1).

Irreverência e deferência, nesse caso, referem-se a orientações na direção das desigualdades de poder, riqueza e *status* existentes; já o coletivismo e o individualismo dizem respeito às propensões – altas ou baixas – para identificação e organização coletivas. A esquerda clássica foi guiada pelo "coletivismo irreverente" da classe trabalhadora socialista e pelos movimentos anti-imperialistas, enquanto outras correntes radicais contemporâneas –

---

[2] O próprio capitalismo é um sistema de mercados, formações sociais e (um ou mais) Estados. Observar as características e, sobretudo, as inter-relações dessas três dimensões é um modo – em minha avaliação, frutífero – de dissecar as relações entre o poder e suas dinâmicas no capitalismo. Essas variáveis têm a vantagem de se desdobrar em panoramas empírico-analíticos, sem pressupor ou requerer julgamentos sobre a atual extensão da "ausência de sistema" [*systemness*] capitalista dos Estados e formações sociais. Como a previsível política atual dificilmente pode ser sintetizada em termos de socialismo *versus* capitalismo, esse aparato conceitual – mais amplo, flexível, menos focado no capital/trabalho – pode ter algum mérito.

Figura 1.1. Dimensões cruciais da formação social dos atores

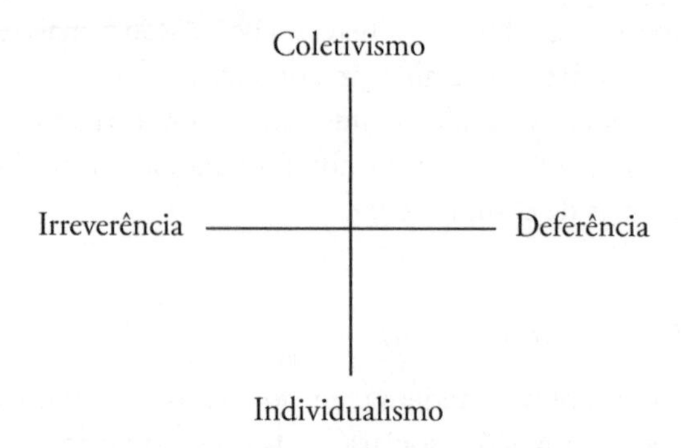

as dos direitos humanos e das mulheres, por exemplo – têm caráter mais individualista. A direita tradicional foi institucional ou clientelisticamente coletivista; o novo e o velho liberalismos tendem para o "individualismo deferente" – acatando os supostamente de maior *status*, os grandes empreendedores, os ricos, os administradores, os especialistas (em particular os economistas liberais) – e, ao menos até recentemente, os chefes de família do sexo masculino, governantes imperiais e representantes de impérios *Herrenvolk* [de raças superiores].

É nesse triângulo formado por Estados, mercados e formações sociais que as ideias políticas ganham ascensão e ocorre a ação política. As dinâmicas desses espaços derivam, em primeiro lugar, dos resultados das disputas políticas anteriores; em segundo lugar, dos aportes de novos conhecimentos e tecnologias; e em terceiro lugar, dos processos do sistema econômico – capitalismo e, anteriormente, do socialismo que existe hoje. A esquematização do modelo completo é dada na Figura 1.2.

Formas de Estado, empresas, mercados

A maioria das discussões atuais sobre o Estado, seja de esquerda ou de direita, concentram-se na questão do "Estado-nação" como confronto com a globalização ou nas privatizações como um desafio a suas instituições. Esse enfoque tende a ignorar a realidade da formulação de políticas do Estado contemporâneo e, mais do que isso, as diferentes formas estruturais de desenvolvimento do Estado. No primeiro caso, a questão é: a capacidade do Estado de perseguir os objetivos das políticas diminuiu realmente nas últimas quatro décadas?

Figura 1.2. Espaço social das políticas e suas dinâmicas

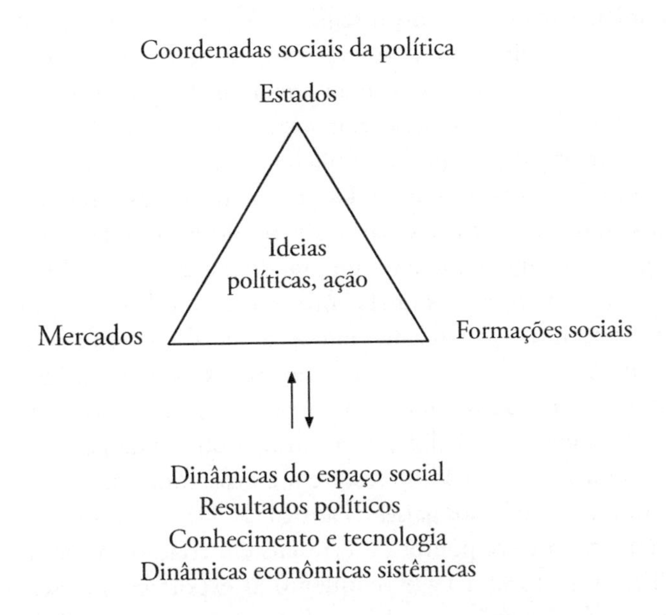

A resposta óbvia para as democracias desenvolvidas é, de modo geral, negativa. Poderíamos dizer, ao contrário, que os anos recentes têm assistido a um sucesso impressionante das políticas de Estado: a diminuição mundial da inflação – na verdade, sua supressão virtual – é um dos maiores exemplos disso; o desenvolvimento de poderosas organizações interestatais regionais – a União Europeia, a Associação de Nações do Sudeste Asiático (em inglês, Asean), o Mercosul, o Tratado de Livre Comércio da América do Norte (em inglês, Nafta) – é outro. Na verdade, a persistência do desemprego de massa na União Europeia é um fracasso patente dessas políticas, mas, de modo geral, os desempregados europeus não foram impelidos para a pobreza ao estilo estadunidense, o que deve contar ao menos como um modesto sucesso.

As orientações e as prioridades das políticas mudaram; podem ser necessárias novas habilidades e mais flexibilidade; como sempre, um número considerável de políticas não conseguiu atingir suas metas. Mas isso não é nenhuma novidade. Como sempre, os Estados nacionais, as regiões e as cidades postergarão sua eficiência, mas não vejo nenhuma tendência à diminuição generalizada da capacidade de formular políticas. Provavelmente é verdade que certas políticas de esquerda têm se tornado mais difíceis de implementar, mas isso não deriva tanto dos fracassos no nível do Estado quanto da orientação à direita das coordenadas políticas.

Formas de Estado bem-sucedidas

O problema mais grave do discurso convencional da globalização, no entanto, é sua cegueira no que diz respeito ao desenvolvimento de formas diferentes de Estado nos últimos quarenta anos. Surgiram dois modelos de Estado nos anos 1960: o de bem-estar social, baseado em direitos sociais generosos e financiados pelo poder público, e o de desenvolvimento "voltado para o exterior", no Leste Asiático. Desde então, ambos foram consolidados e aplicados com êxito. O principal território do Estado de bem-estar social foi a Europa Ocidental, onde teve um grande impacto em todos os países da antiga OCDE*. Embora suas raízes europeias sejam de muito antes, foi nos anos após 1960 que o Estado de bem-estar social começou a decolar – de repente, em mais ou menos uma década, os gastos e as receitas do Estado cresceram mais do que durante toda a sua história. Desconsideradas pela teoria convencional da globalização, as últimas quatro décadas do século XX viram os Estados desenvolvidos crescerem a taxas muito mais altas do que o comércio internacional. Nos países da antiga OCDE como um todo, os gastos públicos cresceram treze pontos percentuais em relação ao Produto Interno Bruto (PIB) entre 1960 e 1999, enquanto as exportações cresceram 11%[3]. Nos quinze países membros da União Europeia, gastos públicos cresceram 18-19 pontos percentuais e as exportações, 14%[4].

Apesar de muitos protestos em contrário – tanto da esquerda quanto da direita –, o Estado de bem-estar social ainda persiste onde quer que tenha sido implantado. Quer seja medido pelos gastos, quer pelas receitas, o setor público nos países mais ricos do mundo está ou se fixou em seu nível histórico mais elevado. Nos países da OCDE da Europa Ocidental, América do Norte, Japão e Oceania, a média nacional do total de gastos governamentais em 1960 (não ponderado pela população e excluídos Islândia e Luxemburgo) era de 24,7% do PIB. Em 2005, chegou a 44%. Nos países do G-7**, os gastos públicos cresceram de 28% do PIB total em 1960 para 44% em 2005. Na verdade, a participação dos gastos em ambos os casos foi cerca de

* Organização para a Cooperação e Desenvolvimento Econômico, fundada em 1961 e integrada por trinta Estados em 2010. (N. T.)

[3] Isto é, antes da recente inclusão de México, Coreia do Sul e Europa Central Oriental pós-comunista.

[4] Dados de 1960 da *OECD Historical Statistics 1960-1997* (Paris, OECD, 1999), tabelas 6.5 e 6.12; dados de 1999 da *OECD Economic Outlook* (Paris, OECD, 2000), tabelas 28 e 29 do anexo.

** Grupo dos Sete, fundado em 1976 e integrado por Alemanha, Canadá, Estados Unidos, França, Itália, Japão e Reino Unido. (N. T.)

dois pontos percentuais mais alta nos anos de recessão do início da década de 1990 do que nos anos de crescimento do fim da década, mas isso deveria ser interpretado como uma ampla oscilação conjuntural. Em relação aos impostos, em 2006 a OCDE bateu seu próprio recorde histórico de 2000 e registrou sua maior receita: cerca de 37% do PIB foi para os cofres públicos. Isso não significa que não haja necessidade e demanda cada vez maiores por educação, saúde, serviços sociais e aposentadoria, que exigirão um maior crescimento do Estado de bem-estar social, um crescimento que hoje é dificultado pelas forças de direita.

A segunda forma de Estado – que também surgiu nos anos 1960 (seguindo a ascensão pré-guerra do Japão) – é o modelo do Estado voltado para o exterior, predominante no Leste Asiático: voltado para as exportações para o mercado mundial, sobretudo para a indústria de manufatura pesada, caracteriza-se pelo controle e pelo planejamento estatal dos bancos e do crédito e, em alguns casos, como o da Coreia , pela propriedade total do Estado. Introduzido pelo Japão, o Estado de desenvolvimento logo se tornou um modelo regional – com diferentes combinações entre intervenção estatal e iniciativa capitalista –, adotado por Coreia do Sul (talvez o arquétipo do modelo), Taiwan, Singapura e Hong Kong, seguidos por Tailândia, Malásia, Indonésia e a menos bem-sucedida Filipinas (esta última é, cultural e socialmente, uma espécie de América Latina do sudeste da Ásia, onde ainda há uma poderosa oligarquia latifundiária, por exemplo). Esses são os exemplos que seguiriam a China, a partir do fim dos anos 1970, e o Vietnã, uma década depois. Há variações consideráveis entre esses Estados e suas diferentes formas de capitalismo, mas todos emergiram de um contexto regional comum: ser uma das fronteiras da Guerra Fria e receber dos Estados Unidos uma ajuda econômica (e militar) substancial. Todos têm muitas características em comum: o Japão, como modelo regional de desenvolvimento; uma oligarquia agrária ausente ou interrompida; taxas mínimas de analfabetismo; um forte estrato empreendedor; e, com frequência, uma diáspora chinesa. Além disso, a maioria teve regimes políticos similares: autoritários e engajados no desenvolvimento econômico nacional por intermédio da competitividade internacional e com vontade de implantar iniciativas estatais decisivas.

Esse legado dos anos 1960 é uma das principais características do mundo atual. A China, o maior país do planeta, tornou-se o Estado de desenvolvimento mais bem-sucedido da história, com uma taxa de crescimento *per capita* de quase 10% ao ano nos últimos vinte anos. A crise dos anos 1997 e 1998 atingiu fortemente a Coreia e o Sudeste Asiático, mas, com exceção talvez da caótica Indonésia, a década não foi perdida. Ao contrário, a maioria dos países – sobretudo a Coreia – reagiu com vigor.

Os Estados de bem-estar social da Europa Ocidental e de desenvolvimento do Leste Asiático estão enraizados em padrões de sociedades muito diferentes e suas prioridades políticas são bastante distintas. No entanto, esses Estados e economias têm mostrado duas características em comum. Em primeiro lugar, ambos são voltados para o exterior e dependem das exportações para o mercado mundial. Ao contrário do que diz a opinião geral, tem havido uma correlação positiva significativa e consistente entre a dependência do mercado mundial e a liberalidade dos direitos sociais nos países ricos da OCDE: quanto mais dependente de exportações é um país, maior é sua generosidade social[5]. Em segundo lugar, apesar de sua competitividade e receptividade ao novo, nem o Estado de bem-estar social nem o de desenvolvimento estão abertos aos ventos do mercado mundial. Os dois modelos estabeleceram, e continuam mantendo, sistemas de proteção interna. Entre os Estados de bem-estar social, isso toma a forma de seguridade social e redistribuição de renda. Por exemplo, no início dos anos 1990, quando a Finlândia foi atingida pela recessão, o PIB caiu 10% e o desemprego subiu para aproximadamente 20%, o Estado interveio para evitar o aumento da pobreza e, com isso, preservou uma das distribuições de renda mais igualitárias do mundo. No momento em que escrevo, a economia finlandesa está indo muito bem e a Nokia é líder no segmento de telefones celulares. Para os padrões europeus, o Estado de bem-estar social canadense não é muito desenvolvido; todavia, apesar dos laços estreitos com seu vizinho colossal – reforçados pelo Nafta –, o Canadá foi capaz de manter uma distribuição de renda mais igualitária nos últimos vinte anos, enquanto a desigualdade nos Estados Unidos cresceu severamente.

Os Estados de desenvolvimento asiáticos têm sido atentos à proteção cultural e política contra influências externas indesejáveis, adotando com frequência uma posição nacionalista e autoritária. O Japão e a Coreia do Sul travaram batalhas discretas, mas constantes e eficazes, contra os investimentos externos. O FMI e, por trás dele, a tentativa dos Estados Unidos de usar a crise do Sudeste Asiático em 1997 e 1998 para forçá-los a abrir as economias da região tiveram um êxito modesto; a Malásia até conseguiu se preservar, impondo uma série de controles sobre fluxos de capitais transfronteiriços.

---

[5] Em meados dos anos 1990, o coeficiente de correlação de Pearson entre exportações e gastos sociais, como a porcentagem do PIB nos países da antiga OCDE, era de 0,26. Provavelmente, não há relação direta de causa e efeito aqui. Ou antes, a relação deveria ser interpretada como um sinal de que a competitividade internacional contribui – pelo crescimento – para a participação de forças progressistas e não é incompatível com as últimas políticas de expansão dos direitos sociais.

Os fracassos do Estado

Por outro lado, os Estados voltados para o mercado interno e pouco comércio passam por uma crise letal. Os modelos comunistas protegidos implodiram, com a exceção da Coreia do Norte, que se mantém a duras penas. A China, o Vietnã, o Camboja e o Laos enveredaram por um caminho novo: a China tem agora uma massa de investimentos diretos proporcionalmente maior que a América Latina. Cuba conseguiu sobreviver, apesar do bloqueio dos Estados Unidos – mesmo após o desaparecimento da União Soviética –, em grande medida por ter se transformado em um polo turístico, com a ajuda de capital italiano, canadense e espanhol (embora esse capital esteja sendo ultrapassado pelo dinheiro pago pela Venezuela em troca da assistência médica e educacional fornecida por Cuba). Na África, os Estados pós-coloniais com ambições "nacional-socialistas" fracassaram estrondosamente, graças à falta de competência administrativa e econômica e de uma cultura política nacional adequada. O sul da Ásia teve condições iniciais melhores, com uma elite administrativa qualificada, uma burguesia significativa e uma cultura democrática. Mas até agora o resultado foi decepcionante: o sistema educacional é excludente e o crescimento econômico é baixo, o que leva ao aumento do número de pessoas que vivem na pobreza. Mesmo após os recentes movimentos da Índia na direção do crescimento econômico, o país ainda é o maior lar de desfavorecidos do planeta. Cerca de 40% dos pobres do mundo (pessoas que vivem com menos de dois dólares por dia) concentram-se no sul da Ásia, ou seja, entre 75% e 80% da população regional. A virada rumo à industrialização substitutiva de importações na América Latina nos anos 1950 não foi tão malsucedida, em especial no Brasil. Mas nos anos 1970 e 1980 ficou claro que esse modelo havia chegado a um impasse. Nessa época, toda a região passava por uma profunda crise econômica e política. Estados tradicionalistas, voltados para o mercado interno, como a Espanha de Franco, também foram obrigados a mudar: por volta de 1960, a Espanha tomou um novo rumo, concentrando-se no turismo de massa e nos investimentos externos.

A ampla crise que os Estados voltados para o mercado interno enfrentam em suas várias facetas – em contraste latente com o sucesso das diferentes versões das formas de Estados voltados para o mercado externo – deve ter uma explicação geral. Talvez essa explicação possa ser encontrada nas linhas abaixo. O período posterior à Segunda Guerra Mundial assistiu a um novo crescimento no comércio internacional – embora só no início dos anos 1970 tenha alcançado a mesma proporção de comércio mundial de 1913. Entretanto, mais importante que a escala foi a mudança de natureza. Como ficou claro no fim do século XX, o comércio internacional é cada vez menos uma troca de matérias--primas por *commodities* industriais – predominante na época em que América Latina se orientava para as exportações – e cada vez mais uma competição entre indústrias.

Um efeito desse crescimento do comércio entre indústrias foi o grande salto tecnológico; os países que permaneceram fora do mercado mundial tenderam a perder essa onda de desenvolvimento. No começo dos anos 1980, quando a União Soviética finalmente conseguiu superar a produção de aço dos Estados Unidos, o aço tornou-se mais uma expressão de obsolescência econômica do que um símbolo de poder industrial. Entre o entusiasmo do lançamento do Sputnik, em 1957, e a estagnação pré-crise dos anos 1980, a União Soviética – que sempre se inspirou no modelo de metas do Ocidente, sobretudo o dos Estados Unidos – viu sua dinâmica tecnológica decair. A virada pós-industrial e as novas possibilidades da eletrônica no Ocidente foram descobertas muito tarde pelos planejadores soviéticos e da Europa Central.

Sendo assim, os Estados ainda podem se impor e implantar políticas próprias nas condições atuais de globalização, desde que sua economia possa competir no mercado mundial. Para a esquerda clássica, isso é um novo desafio, mas o movimento dos trabalhadores escandinavos cresceu com ele, em sociedades pequenas, pouco desenvolvidas, que voltaram suas atenções para a produção de produtos de exportação competitivos por trabalhadores relativamente competitivos.

Empresas e Estados

A importância econômica relativa das grandes empresas tem crescido ao longo da história – criando uma concentração de capital, justamente como Marx previu. Em 1905, as cinquenta maiores empresas dos Estados Unidos, por capitalização nominal, tinham bens equivalentes a 16% do Produto Nacional Bruto (PNB). Em 1999, os bens das cinquenta maiores empresas industriais dos Estados Unidos atingiram 37% do PNB. No Reino Unido, o crescimento das dez maiores companhias passou de 5% do PNB em 1905 para 41% em 1999 – só a Vodafone, a maior operadora de telefonia celular do mundo, detinha 18% do PNB[6]. Comparado ao crescimento do Estado, porém, o crescimento das empresas não é tão impressionante. Surpreendentemente talvez, embora os números não sejam totalmente comparáveis, há indícios de que o Estado norte-americano cresceu de fato mais rapidamente que as empresas industriais

[6] O balanço de capital histórico – em princípio, o balanço dos ativos contra créditos e débitos – pode não ser o mesmo da contabilidade atual dos bens empresariais, mas essa mudança corresponde ao desenvolvimento atual das empresas. Cálculos de Peter L. Payne ("The Emergence of the Large Scale Company in Great Britain", *Economic History Review*, n. 20, 1967, p. 540-1) e contas nacionais históricas da Grã-Bretanha e dos Estados Unidos, comparados com os dados atuais da revista *Fortune* (31 jul. 2000) e do informe do Banco Mundial (*World Development Report*, 2000-2001).

ao longo do século XX (mas o contrário é verdadeiro para o Reino Unido). O gasto público nos Estados Unidos mais do que quadruplicou entre 1913 e 1998, indo de 7,5% para 33% do PIB; no Reino Unido, passou de 13% para 40%[7]. Na Suécia, o Estado também cresceu mais do que as empresas. Os ativos das três maiores empresas industriais do país somavam 11-12% do PNB em 1913 e 1929, caíram para 5% em 1948 e atingiram 28-29% em 1999. Os impostos, por outro lado, passaram de 8% do PNB em 1913 para 52% em 1997.

Em períodos mais recentes, a relação de crescimento entre as empresas transnacionais e as economias nacionais foi surpreendentemente atenuada. A receita das dez maiores empresas do mundo – uma medida nem sempre disponível para comparações de longo prazo – diminuiu em relação à maior economia nacional. Em 1980, a receita com vendas somava 21% do PIB dos Estados Unidos e em 2006 apenas 17%; em 1980, essa receita era três vezes maior que o PIB do México e, em 2006, duas vezes maior; nessa época, a população mexicana era de cerca de 105 milhões de pessoas. Apesar disso, estamos diante de grandes forças privadas. Em 1999, a receita total das quinhentas maiores empresas somava 43% do produto mundial. Somente seus lucros anuais eram 29% maior que o PNB do México, cuja população em 1999 era de cerca de 97 milhões de pessoas[8]. Mais do que a receita, foi a riqueza das empresas que mais cresceu em relação aos Estados e às economias nacionais. Ao contrário da crença geral, a receita das empresas quase não conseguiu acompanhar o crescimento das economias centrais nas duas décadas passadas[9].

A dinâmica de mercado

Mais do que as empresas, o que vem crescendo são os mercados – os mercados transnacionais. O financiamento da guerra dos Estados Unidos no Vietnã foi provavelmente um dos pontos de virada na história econômica do século XX: ajudou a disseminar o novo mercado de câmbio transnacional, com seus gigantescos fluxos de capital, e as aquisições dos Estados Unidos para a guerra tiveram um papel crucial no desenvolvimento do Leste Asiático. Em

[7] Nicholas Crafts, "Globalization and Growth in the Twentieth Century", em FMI, *World Economic Outlook, Suporting Studies* (Washington, DC, FMI, 2001), p. 35.

[8] Os dados relativos às empresas são da revista *Fortune* (24 jul. 2000). Os dados do PIB são do World Development Report, 2000-2001.

[9] A contabilização dos ativos das empresas é mais estável que a capitalização de mercado, isto é, o valor de mercado das ações da empresa em determinado dia. Em 24 de abril de 2000, logo no início da queda das bolsas mundiais, o valor de mercado da Microsoft era quase 7% do PIB dos Estados Unidos em 1999 e o da General Eletric era quase 6%; ver *Financial Times*, 4 maio 2000.

escala mundial, a rotatividade do mercado de ações mundial subiu de 28% do produto mundial em 1990 para 81% em 1998. A capitalização do mercado de ações dos Estados Unidos aumentou de cerca de 40% do PIB em 1980 para 53% em 1990 e 150% no início de 2001, após um pico de cerca de 180%[10]. Os fluxos de capitais transnacionais têm se acelerado enormemente, não apenas – ou talvez nem mesmo sobretudo – graças às inovações tecnológicas na área da comunicação, mas por causa das mudanças institucionais. Dois exemplos me vêm à mente. O primeiro é o do mercado de câmbio transnacional. A ancoragem do sistema de câmbio no pós-guerra, definida em Bretton Woods, entrou em colapso no começo dos anos 1970. O comércio de câmbio transnacional tornou-se um enorme cassino global, chegando a 12 vezes do total de exportações globais em 1979 e a 61 vezes das exportações globais em 1989, e depois se nivelando nesse patamar. Em abril de 1998, a rotatividade diária do comércio de moeda estrangeira no mundo era 3,4 vezes maior que a Renda Nacional Bruta (RNB) anual do México. No entanto, a partir do outono de 1998, com a introdução do euro e os danos causados pela crise asiática, entre outros fatores, as transações cambiais diminuíram significativamente. Em abril de 2007, a rotatividade diária do mercado de câmbio foi de US$ 3,2 trilhões, mais do que o PIB da terceira maior economia do mundo, a Alemanha, que foi de US$ 2,9 trilhões em 2006.

A segunda mudança foi o desenvolvimento de um novo objeto importante para o comércio. Essa invenção – que data dos anos 1970, mas só explodiu nos anos 1980 – foram os derivativos: a aposta no futuro. Entre 1986 e 1996, o comércio de derivativos cresceu 56 vezes, atingindo um volume de cerca de US$ 34 bilhões. Em 1995, o montante estimado de apostas no comércio de derivativos quase igualou o produto mundial; a partir de 1996, elas o superaram. Os fluxos transfronteiriços de títulos e ações cresceram nos anos 1980 e atingiram seu auge em 1998. As transações transnacionais de títulos e ações realizadas por residentes dos Estados Unidos passaram de 6,9% do PIB entre 1975 e 1979 para 221,8% em 1998 – mais de duas vezes o PIB do país –, antes de cair para 189% em 1999[11].

Há 150 anos, Marx teve um vislumbre da tendência histórica do desenvolvimento – as forças produtivas adquiririam um caráter mais social e, assim,

---

[10] Banco Mundial, *World Development Indicators* (Washington, DC, Banco Mundial, 2005), tabela 5.4.

[11] Banco Mundial, *World Development Indicators* (Washington, DC, Banco Mundial, 2000), tabela 5.2; *Dagens Nyheter*, 12 abr. 2001, C3; David Held et al., *Global Transformations* (Standford, CA, Standford University Press, 1999), p. 208-9; Bank of International Settlements, *70th Annual Report* (Basileia, Bank for International Settlements, 2000).

entrariam cada vez mais em contradição com a propriedade privada dos meios de produção. Daquela época até mais ou menos a década de 1980, houve de fato uma tendência de longo prazo para a socialização e/ou regulação pública dos meios de produção, transporte (ferrovias, companhias aéreas, metrô) e comunicação (telefone e, posteriormente, radiodifusão). Essa foi uma dinâmica importante em terras capitalistas desde a Primeira Guerra Mundial até o início da Guerra Fria. Tornou-se mais sólida com a força da industrialização soviética e, após a Segunda Guerra Mundial, com todo o bloco comunista. Uma segunda onda de socialização veio com o socialismo pós-colonial (Revolução Cubana, Unidade Popular Chilena) e as propostas de socialização dos governos francês e sueco, entre meados dos anos 1970 e começo dos anos 1980.

Posteriormente, a tendência retrocedeu, com fracassos e derrotas desde a Suécia até o Chile, desde a França até a Tanzânia e a Índia, e foi acompanhada de uma crise gradual nos países comunistas. Na Grã-Bretanha, a onda de privatizações foi iniciada por Margaret Thatcher – nesse aspecto, mais radical que sua contrapartida chilena, Augusto Pinochet. Desde então, os programas de privatização foram adotados não apenas nos países da Europa Oriental pós-comunista, mas também nos maiores países ainda comunistas, como China e Vietnã, e por virtualmente todas as sociais-democracias – sem falar da direita. Tais programas se tornaram uma condição importante, algumas vezes decisiva, para obter empréstimos do FMI. Como essa virada histórica da socialização para a privatização pode ser explicada? O que houve foi uma confluência de três processos sistêmicos, sob as condições – favoráveis ou desfavoráveis, conforme o ponto de vista – de eventos contingentes.

1. O programa de desenvolvimento dos Estados comunistas, que dependia da mobilização de recursos naturais e humanos, com auxílio de tecnologia própria ou emprestada, estava começando a se esgotar. Isso era visível sobretudo na Europa Centro-Oriental, em meados da década de 1960, e na União Soviética, cerca de uma década depois. Fora do âmbito da corrida armamentista com os Estados Unidos, a questão da geração de novas tecnologias e maior produtividade nunca foi resolvida. A invasão soviética na Tchecoslováquia em 1968 desestimulou novas iniciativas comunistas e inaugurou um período de estagnação, que a *perestroika* não conseguiu interromper.

2. A competência e a integridade dos Estados pós-coloniais mostraram-se inadequadas às necessidades do planejamento social e do desenvolvimento econômico patrocinado pelo Estado.

3. Nos países capitalistas centrais, novas fontes de geração de capital e tecnologias de gerenciamento desafiaram a capacidade do Estado. Compromissos sociais de vulto também tornaram cada vez mais difícil, até mesmo para os Estados ricos, atender às novas demandas por investimento em in-

fraestrutura, enquanto a explosão dos mercados financeiros gerava ainda mais capital privado.

Essas três tendências sistêmicas convergiram nos anos 1980. Então a privatização ganhou confiança política através da emergência de duas tendências particularmente cruéis e inescrupulosas que surgiram com a crise de gerenciamento da esquerda: o *pinochetismo* no Chile e o thatcherismo na Inglaterra. Em nenhum desses casos a privatização era uma questão em si – além de reverter as socializações de Allende –, mas algo que surgiu em seguida, de dentro do círculo de apoiadores desses líderes. Uma vez colocada em marcha, porém, foi vigorosamente impulsionada por investidores e consultores de negócios, tornou-se condição para os empréstimos do FMI e do Banco Mundial e foi considerada uma peça ideológica fundamental pela mídia de direita. Como observamos, há certos aspectos gerenciais e tecnológicos nessa mudança, principalmente nas telecomunicações. A terceirização do setor privado é um desenvolvimento paralelo. Mas, acima de tudo, o impulso para a privatização ganhou força com o novo capital privado, fortemente amparado pelo modismo ideológico.

Menos classe, mais irreverência

O emprego industrial atingiu seu ápice no capitalismo central na segunda metade dos anos 1960; o movimento da classe trabalhadora industrial atingiu seu auge em termos de tamanho e influência nos 1970; e um processo dramático de desindustrialização ocorreu nos anos 1980[12]. Enquanto a industrialização e a formação da classe trabalhadora industrial continuaram no Leste e no Sudeste Asiático, mais intensamente na Coreia do Sul – onde o emprego nas manufaturas subiu rapidamente de 1,5% em 1960 para 22% em 1980 e atingiu o pico de 27% de emprego total em 1990 –, a desindustrialização também atingiu os antigos centros industriais do Terceiro Mundo, como Mumbai. O emprego industrial também caiu, relativamente, a partir de 1980, em todos os países mais desenvolvidos da América Latina (com exceção do México, com suas *maquiladoras* norte-americanas)[13]. Entre 1965 e 1990, o emprego industrial em relação ao emprego mundial caiu de 19% para 17% e, entre os "países industriais", de 37% para 26%[14]. Uma série temporal de 1996 a 2006 da Organização Internacional do Trabalho (OIT) indicou certa

---

[12] Ver meu livro *European Modernity and Beyond* (Londres, Sage Publications, 1995), p. 69 e seg.

[13] Cepal, *Panorama social de América Latina, 1997* (Santiago de Chile, Cepal, 1997), tabela III.3.

[14] OIT, *World Employment, 1995* (Genebra, OIT, 1995), p. 29.

estabilização num nível ligeiramente mais alto: o emprego industrial atingiu 21% do emprego mundial nos dois anos finais e a queda pós-industrial foi anulada pela industrialização no Sul Asiático.

Claramente, no entanto, a grande época do movimento da classe trabalhadora chegou ao fim. De fato, o trabalho industrial só conseguiu dominar o emprego pós-agrário na Europa, nunca nos Estados Unidos, no Japão ou na Coreia do Sul, e é muito provável que isso nunca venha a acontecer. Ainda segundo a OIT, o emprego no setor de serviços está prestes a ultrapassar o emprego industrial na China. O enorme crescimento das megacidades do Terceiro Mundo – do Cairo à Jacarta, de Daca à Cidade do México, passando por Kinshasa e Lagos – está gerando um proletariado urbano no sentido romano e pré-marxista de trabalho "informal" e comerciantes. Na Índia, cerca de um décimo apenas da população economicamente ativa encontra-se no trabalho urbano formal; na China, 23%. Ainda que exista uma organização internacional de moradores de favelas, uma eventual revolta das favelas (como sugerida em *Planeta favela*, de Mike Davis*), se ocorrer, provavelmente não se encaixará no repertório clássico de protestos da classe trabalhadora e da revolução. O "coletivismo irreverente", cuja principal locomotiva era o movimento da classe trabalhadora industrial, teve seu auge e agora está enfraquecendo pouco a pouco. Mas isso é apenas parte da história.

Outro desenvolvimento crucial nesse período foi a corrosão da deferência tradicional, tanto religiosa como sociopolítica. A redução do setor agrário foi um dos motivos – o trabalho agrícola caiu de 57% para 48% do emprego mundial entre 1965 e 1990 –, apesar de desde sempre e em todos os lugares os camponeses serem deferentes. De acordo com o senso de 2000, a população urbana na China é hoje um terço da população total; dez anos atrás, era um quarto. A Holanda dá um exemplo claro de secularização: os partidos explicitamente religiosos sempre tiveram mais da metade dos votos em todas as eleições, desde a introdução do sufrágio universal em 1918 até 1963; nos vinte anos seguintes, sua participação caiu para um terço. O domínio do patriarcado também caiu de maneira significativa: o direito das mulheres e a questão da igualdade dos gêneros entraram na agenda política em quase todo o mundo[15].

O que poderíamos chamar de modernização social – resultante das mudanças econômicas, da educação, da comunicação de massa, dos direitos democráticos formais, das migrações transnacionais – teve o efeito de corroer vários tipos dife-

* Mike Davis, *Planeta favela* (São Paulo, Boitempo, 2006). (N. T.)

[15] Ver o capítulo 1 do meu *Between Sex and Power: Family in the World, 1900-2000* (Londres, Routledge, 2004). [Ed. bras.: *Sexo e poder: a família no mundo, 1900-2000*, São Paulo, Contexto, 2006.]

rentes de deferência, afetando não apenas as mulheres e os jovens, mas também os estratos médios assalariados da maioria dos países, como as castas inferiores e os "intocáveis" no Sul Asiático, povos indígenas de todos continentes, os pobres das novas favelas dos grandes centros urbanos do Terceiro Mundo, os católicos e os protestantes europeus. Esse efeito foi visível primeiro nos anos 1960, com a fragilização do clientelismo tradicional na Europa e na América latinas. Isso foi destacado nos protestos de 1968 e, posteriormente, pelo movimento de mulheres que veio em seu rastro.

Um dos fatores dessa corrosão da deferência foi a criação de novas formas de coletivismo rebelde. Os povos indígenas se organizaram para a defesa de seus direitos e se tornaram uma força política significativa em toda a América, do Canadá ártico ao Chile subantártico, e uma das principais forças na Bolívia e no Equador. Na Índia, os movimentos indígenas, aliados às organizações ambientalistas, exerceram seu poder de veto. As castas inferiores reformularam sua identidade coletiva como *dalits*, que significa subjugado ou oprimido, melhor que o depreciado intocável, e as mulheres lutaram para criar redes transnacionais feministas. Mas há outras tendências também. Uma delas está voltada para o que poderíamos chamar de "individualismo deferente" – a adoração da riqueza e do sucesso sob qualquer forma. O declínio da antiga autoridade também possibilitou o surgimento de novas formas de autoritarismo, livremente escolhido, ou de fundamentalismo – particularmente significativo no protestantismo norte-americano, no islamismo asiático-oriental e norte-africano e no judaísmo israelense. Enquanto o fundamentalismo islâmico e o evangelismo latino-americano se fortaleceram com a falência social, tanto da esquerda secularizada quanto das instituições religiosas tradicionais, as correntes fundamentalistas do judaísmo e do protestantismo norte-americano parecem ser guiadas por preocupações específicas de identidade.

É impossível, neste estágio, fazer um balanço dos efeitos combinados desses processos sociais, com suas várias contradições, exceções e desigualdades. Minha impressão, porém, é que a direção geral a que se dirigem – e se dirigirão – não apenas se distancia do coletivismo tradicional, como também, e de modo mais insistente, leva a uma maior irreverência diante das desigualdades e dos privilégios, em particular aqueles proporcionados por poder e *status*. Da perspectiva da esquerda, esses processos oferecem não apenas um reforço potencial de aliados contra a deferência, mas também o desafio de um questionamento individualista ou neocoletivista do coletivismo tradicional de esquerda, dos movimentos anti-imperialistas e trabalhistas. O mais importante, no entanto, é que esses desenvolvimentos não munem simplesmente a esquerda de mais recursos. Eles trazem novos temas e geram novas questões de prioridade, aliança e compromisso. Por fim, o ambientalismo e as políticas identitárias podem entrar em choque com o desenvolvimentismo e o igualitarismo da esquerda clássica, por exemplo. A irreverência também pode se manifestar de forma repulsiva, como violência xenofóbica e delinquência.

Política de vida, política de massa e ciberpolítica

As formas políticas dependem de conhecimento e tecnologia. Mais de um século depois de Darwin, a biologia emerge novamente como a vanguarda do conhecimento e da tecnologia. Não apoiando por enquanto nenhum movimento político significativo, como fizeram no passado o darwinismo social, a eugenia ou mesmo a sociobiologia antifeminista, os avanços biológicos recentes levantam uma série de novas questões que podem ser resumidas como política de vida. As cruzadas fundamentalistas cristãs contra o aborto estabeleceram-se como um elemento maior da política estadunidense, mas há muitos outros temas: prioridades em resgates e tratamentos caros, riscos da engenharia genética, comportamento individual e saúde pública, o envelhecimento na Europa, no Japão e, em breve, na China. Proibir o aborto tornou-se a plataforma principal da direita cristã, mas a maioria das questões da política de vida ainda não encontrou um tom político estável.

A política é frequentemente sobre temas e sempre sobre comunicação. No que diz respeito à comunicação, o fim do século XX e começo do século XXI promoveram mudanças históricas, que podem ser resumidas em duas tendências opostas. A primeira é o crescimento da comunicação de massa a partir dos centros de orientação. A televisão tornou-se global, tanto no sentido da difusão quase universal (apesar de ainda limitada no interior da África e do Sul Asiático) quanto no do alcance mundial por meio da transmissão por satélite. Os recursos da internet também são utilizados cada vez mais para a comunicação de massa direta. A comunicação de massa está sendo empregada em todos os tipos de políticas, mas parece ter pelo menos três efeitos significativos claros: aumenta o conhecimento e o alerta para acontecimentos e condições distantes; torna a política mais personalista – e imagética – e menos focada em temas; e, por último, aumenta a influência e o poder do dinheiro, que paga pela mensagem.

No entanto, a recente revolução nas comunicações também tornou possível uma comunicação interpessoal em grande escala e ritmo acelerado. O e-mail e suas derivações, como a blogosfera, o YouTube, o Facebook, o Twitter etc., tornaram possível a comunicação de um indivíduo com muitos. Isso é ciberpolítica, e ela já mostrou ser uma ferramenta poderosa de mobilização política, derrubando o governo mentiroso de direita de Aznar na Espanha, em 2004, tornando Obama elegível nos Estados Unidos, convocando protestos de Chisinau e Teerã a Manila, e fornecendo informações politicamente importantes a respeito de países fechados, como Myanmar e (às vezes) a China. Nos países democráticos, os indivíduos agora podem desafiar a visão de mundo da mídia de massa. Até agora a ciberpolítica é sobretudo política de jovens de classe média, mas o celular é o primeiro meio de comunicação industrial a chegar ao interior da África. Os entusiastas da cultura cibernética que criaram a internet não estavam errados quando apontaram seu potencial democrático participativo.

Mudanças na política de esquerda

Dentro dessas coordenadas, novas dinâmicas estão trabalhando. As mais imediatas são aquelas criadas pelos resultados históricos das disputas políticas anteriores. Aqui, podemos apenas listar o que parecem ser as derrotas e as vitórias mais importantes, os êxitos e os fracassos dos últimos quarenta anos à direita e à esquerda, bem como apontar os parâmetros que mudaram no campo político.

Os êxitos da esquerda

1. O descrédito do racismo explícito e o fim do colonialismo. Até os anos 1960, o domínio colonial europeu sobre outros povos ainda era considerado perfeitamente legítimo. Os negros nos Estados Unidos ainda tinham negados seus direitos humanos e civis. A descolonização da África, a derrota do racismo institucional nos Estados Unidos, o fim do *apartheid* na África do Sul e a derrocada do imperialismo norte-americano em Cuba e no Vietnã foram vitórias estrondosas da esquerda, que alteraram significativamente o espaço político mundial.

2. A discussão pós-guerra sobre o Estado de bem-estar social nos países capitalistas avançados – a nova prosperidade significou que menos gastos sociais seriam necessários ou que a seguridade social e serviços sociais apropriados agora eram acessíveis? – foi estrondosamente vencida pela esquerda (reformista), especialmente na Alemanha Ocidental, na Escandinávia e na Holanda, e ratificada por uma série de resultados eleitorais nos anos 1960.

3. O movimento estudantil mundial de 1968 foi um avanço importante para as forças de irreverência ao redor do mundo, porque atacou não apenas a tradição e a reação, mas também a complacência do liberalismo social, a social-democracia, o comunismo e as revoluções nacionais. Rejeitou a fórmula do crescimento econômico e da educação de massas como realização adequada da demanda clássica do Iluminismo de esquerda por emancipação e igualdade e definiu novas agendas políticas para a liberação humana e a autorrealização.

4. O novo movimento feminista questionou a liderança masculina radical dos movimentos pela liberação e pela igualdade, em que os papéis tradicionais dos gêneros permaneciam inalterados. Acima de tudo, o feminismo tem sido um

movimento de esquerda em seu sentido mais amplo – embora mais na Europa Ocidental e no Terceiro Mundo do que nos Estados Unidos –, questionando o jugo masculino do capital e do patriarcado. No passado, o padrão do voto feminino tendia a ser mais à direita que o dos homens, apesar da tendência dos primeiros movimentos feministas de se alinhar à esquerda. Mas no decorrer dos anos 1980 e 1990 esse padrão mudou nas democracias capitalistas: a preferência do voto feminino foi para os candidatos e os partidos de centro-esquerda (claramente visível nas últimas eleições nos Estados Unidos).

Os fracassos e as derrotas da esquerda

1. Um ponto de virada importante foi a incapacidade da esquerda de lidar com os conflitos distributivos que surgiram durante a crise econômica dos anos 1970 e 1980. A social-democracia da Europa Ocidental – sobretudo o Partido Trabalhista Britânico –, o liberalismo norte-americano, o populismo latino-americano e a esquerda chilena enfrentaram esses conflitos e caíram numa crise ainda mais profunda, com inflação, desemprego, ingovernabilidade e declínio econômico. As derrotas da esquerda abriram caminho para uma reação poderosa da direita – violenta na América Latina, mas dentro dos limites da democracia formal na América do Norte e na Europa Ocidental. Além disso, levaram ao neoliberalismo, que ainda está conosco.

2. O *rendez-vous manqué* [encontro mal-sucedido] entre os manifestantes de 1968 e os movimentos trabalhistas. Após a primeira onda de iconoclastia individualista, os primeiros tornaram-se um romanticismo bolchevique mimético e "criador de partido". A desilusão, por sua vez, gerou uma boa dose de renegação liberal-direitista, *nouveaux philosophes* [novos filósofos] e tropas para a tempestade ideológica da Guerra do Golfo e do Kosovo, assim como o individualismo autoindulgente da prole de Clinton. Boa parte do individualismo irreverente de 1968 se manteve – algumas vezes expresso politicamente, como nos movimentos feminista e ambientalista e no ativismo pelos direitos humanos. Mas como faltou ao encontro, o potencial de renovação histórica ou refundação da esquerda se perdeu.

3. A capacidade de violência da direita – fatalmente subestimada pela esquerda – levou a um grande número de derrotas sangrentas: na Indonésia, em 1965, no Cone Sul, no começo dos anos 1970, e uma batalha mais duradoura, porém proporcionalmente mais assassina, na América Central.

4. A implosão do comunismo nos anos 1990 foi uma virada negativa de proporções épicas, tanto para os não comunistas quanto para a esquerda comunista: a possibilidade de construir uma sociedade não capitalista perdeu muito de sua credibilidade. A ruína do comunismo não foi uma derrota heroica ou

um mero resultado de um processo acelerado de decadência. Na verdade, teve uma pitada de ironia. Na União Soviética e na China, o começo do fim foi uma onda de reformas internas radicais e imprevistas; nos dois países, o último ato veio como resultado inesperado do sucesso dessas reformas. Na União Soviética, as reformas foram amplamente políticas e democratizantes; levaram a economia planejada ao caos e, por fim, beneficiaram os políticos nacionalistas. Na China, as reformas foram amplamente econômicas e, por isso, levaram mais tempo para reduzir as políticas socialistas a migalhas, enquanto corrompiam profundamente o partido-Estado. A Europa Oriental foi mais rápida que a URSS – desligou-se dela antes que se desintegrasse – e o Sudeste Asiático seguiu a China com muita cautela.

Contudo, dois regimes comunistas menos importantes mantêm-se até hoje, por estratégias de sobrevivência muito diferentes. O isolamento nacionalista transformou a Coreia do Norte comunista em poder dinástico, inteirado por mísseis e pobreza em massa. Cuba preservou a integridade revolucionária do regime, embora dificilmente seja menos personalista e autoritária que o sistema coreano. Sua engenhosa estratégia é tornar-se, mais uma vez, um grande *resort* internacional. Embora o turismo seja a indústria do futuro, não é seguro que os hotéis de praia possam ser um modelo social de médio prazo[16].

5. Mais uma dificuldade para a esquerda: as políticas econômicas neoliberais trouxeram de fato algumas recompensas materiais e não puderam ser denunciadas de forma crível como um fracasso completo da direita. Os governos neoliberais conseguiram debelar a inflação, e isso foi um grande capital político nos anos 1990 na Argentina, na Bolívia, no Brasil, no Peru e em outros países. A abertura dos mercados mundiais significou novas oportunidades para um grande número de pessoas. Algumas privatizações foram bem-sucedidas, não só porque promoveram mais privilégios para poucos, mas também porque estimularam investimentos e forneceram serviços. As telecomunicações são o exemplo mais notável.

6. Os acontecimentos geopolíticos no nível do Estado pesaram muito sobre a correlação de forças mundial entre esquerda e direita. Uma lista breve deve bastar para lembrar. O racha sino-soviético, repetido depois no conflito entre Pol Pot e o Vietnã, dividiu e desmoralizou a esquerda e fortaleceu enormemente a direita. Os colapsos dos Estados na África independente, começando no Congo no outono de 1960, deixaram pouco espaço para a política e as políticas de esquerda no continente – uma restrição que o alinhamento geopolítico de alguns líderes à URSS ocultou por algum tempo. A derrota catastrófica imposta por Israel

[16] Os melhores hotéis cubanos são em grande parte, se não a maioria, de propriedade pública, mas em geral são administrados por alguma empresa capitalista estrangeira.

na guerra de 1967 desacreditou e desmoralizou a esquerda árabe secularizada e alimentou os fundamentalismos religiosos de árabes e judeus.

Além dos fracassos e sucessos, devemos registrar como os parâmetros do campo político em geral se alteraram nesse período. Mais uma vez, só temos espaço aqui para apontar os efeitos de algumas dessas dinâmicas no balanço de direita e esquerda. Em primeiro lugar, houve avanço da política ambiental, que surgiu no rastro da crise do petróleo, em meados dos anos 1970. Embora seja em geral mais crítica ao capital do que ao trabalho, essas correntes questionaram a perspectiva fundamentalmente desenvolvimentista da esquerda industrial e mostraram-se mais tolerantes com o desemprego e a desigualdade econômica do que a esquerda tradicional. Em segundo lugar, as políticas de identidade étnica e sexual ganharam importância considerável em algumas partes do mundo. Sua relação com as questões socioeconômicas é frequentemente ambígua – por exemplo, são críticas no que diz respeito às desigualdades que atingem sua comunidade ou grupo, mas não em relação às desigualdades que afetam os outros ou à desigualdade em geral.

As culturas de crítica

O pensamento crítico depende de solo cultural para crescer. Para fazer sentido, a crítica deve partir de certas premissas ou princípios incorporados nesse tema. O Iluminismo e suas tradições subsequentes dão o ponto inicial ideal para o pensamento crítico de esquerda. Os questionamentos críticos, dificultados por crenças e autoridades, foram conservados no próprio âmago do Iluminismo – *Sapere aude!* (Ouse saber!). Seu princípio universalista da razão produziu um tribunal de acusação crítica contra a sabedoria ancestral e os autoproclamados herdeiros do Iluminismo.

A modernidade europeia desenvolveu-se, cultural e filosoficamente, do Iluminismo e, politicamente, da Revolução Francesa. Sua cultura política concentrou-se na confrontação do povo/nação contra o príncipe, o meio monárquico da aristocracia e as altas camadas clericais. Embora as forças do *status quo* desfrutassem de sólidos recursos institucionais e intelectuais, a cultura da modernidade europeia foi um terreno fértil para o pensamento crítico radical; após 1789, a Europa tornou-se o palco principal do confronto ideológico. O que aconteceu então com os direitos do povo, a liberdade, a igualdade e a fraternidade, sob a política do capitalismo industrial e dos proprietários de terras? O conceito de classe foi forjado antes de Marx, no primeiro irromper da modernidade europeia, nas reflexões sobre a Revolução Industrial na Inglaterra e na Revolução Francesa. O valor dado ao "progresso" tendia a corroer as premissas básicas do conservadorismo.

Como defendi mais detalhadamente em outros contextos, a ruptura moderna com o passado percorreu diferentes rotas, em diferentes partes do mundo – a rota europeia, a rota dos colonizadores do Novo Mundo, a rota colonial e a rota da modernização reativa pelo alto.

Nos novos mundos dos colonizadores das Américas após a independência, o pensamento moderno tornou-se o *mainstream* convencional, desafiado apenas pelo clericalismo católico na Colômbia e em alguns outros países da América Latina. A principal questão nas Américas não era "Quais são os direitos do povo?", mas "Quem é o povo?". "Povo" inclui os indígenas? Os negros? Os rudes recém-chegados? Num resumo esquemático da cultura política do Novo Mundo, dois aspectos se destacam. O liberalismo – no sentido amplo da defesa da liberdade (anseios privados, propriedade privada, crenças privadas) e do compromisso com a ciência e o progresso (a razão) – teve uma aderência intelectual muito mais firme do que na Europa, frequentemente – se não sempre – obscurecendo as críticas socialistas. Em segundo lugar, pelo fato de as divisões ideológicas serem bem menos pronunciadas na América, o pensamento e a política marxista tiveram mais facilidade para fundir-se ocasionalmente com as correntes políticas do *mainstream*, como o liberalismo do *New Deal*, o populismo *criollo* em Cuba, na Guatemala e na Argentina nos anos 1940 ou o radicalismo chileno nos anos 1960 e início dos 1970.

O modernismo anticolonial do colonizado – uma perspectiva adotada também na América Latina por aqueles que rejeitaram a *criollidade* dos povoadores – era altamente propício ao radicalismo. Os colonizados modernos – a geração de Nehru, Sukarno, Ho Chi Minh e Nkrumah – eram provavelmente o povo diante da experiência das contradições da modernidade liberal europeia em sua forma mais aguda. De um lado, eles se identificaram com o agressor moderno, o poder colonial – aprendendo sua linguagem, sua cultura, seus princípios políticos de nação/povo, direitos e autodeterminação. De outro, eles experimentaram a negação dos direitos e da autodeterminação ao seu próprio povo, a face arrogante e o punho de ferro do imperialismo liberal. O radicalismo socialista, tanto o comunista quanto o não comunista, foi uma característica frequente do nacionalismo anticolonial após a Segunda Guerra Mundial.

A modernização reativa pelo alto, ao contrário, deixou pouco espaço para o pensamento radical. Por definição, consistiu numa instrumentalização da nação, da política, da ciência e do progresso, com o intuito de preservar o regime – real ou imaginário – sob a ameaça imperialista externa. Já que a liberdade, a igualdade e a fraternidade foram predefinidas na cultura dominante como um meio de fortalecer o regime, suas contradições sociais intrínsecas foram mantidas fora de vista ou à margem desde o início. É claro que isso não evitou que as correntes radicais abrissem caminho, ao lado das ideias modernas em geral, no Japão, no Sião*, na Turquia e no mundo árabe não colonizado. Ali, eles encontraram solo infértil, bem como uma vigilância repressiva.

O modernismo – com seu compromisso com a razão, a ciência, a mudança, o progresso e o futuro – não foi inerentemente de esquerda. (O capítulo 3 examina as diferentes "narrativas" da modernidade e sua relação com o marxismo). No fim do século XIX, o conservadorismo tradicionalista foi pouco a pouco suplantado e, nas Américas, foi sobrepujado por um modernismo de direita que exortava os direitos preferenciais dos mais fortes e mais preparados. Esse foi o darwinismo social e a nova linguagem do imperialismo liberal, ambos ingredientes importantes do fascismo no século XX. No entanto, após Stalingrado e Auschwitz, esse modernismo racista, imperialista e militarista foi derrotado e completamente desacreditado. O *laissez-faire* não militarista do darwinismo social, promulgado, entre outros, por Herbert Spencer e muito influente nos Estados Unidos, viu sua tese sobre o antagonismo entre o industrialismo e o militarismo ser refutada pela Primeira Guerra Mundial e suas credenciais econômicas serem destruídas pela depressão de 1930.

Após a Segunda Guerra Mundial, o modernismo foi majoritariamente de centro-esquerda em todas as partes do mundo, exceto pelos países envolvidos na modernização reativa. Depois, por volta de 1980, houve a avalanche do pós-modernismo. O mesmo período que assistiu ao eclipse do marxismo político testemunhou também a negação da modernidade em nome da pós-modernidade e o surgimento do pós-modernismo. Este último tem pelo menos duas origens diferentes[17]. A primeira é estética: a mudança da sucessão modernista das vanguardas, que se desenvolveu mais claramente no campo da arquitetura, como uma reação ao austero alto modernismo de Mies van der Rohe e o estilo internacional. A segunda está ligada à filosofia social, uma manifestação do esgotamento e do desencanto dos ex-esquerdistas. A figura-chave aqui foi o último filósofo francês, Jean-François Lyotard, um militante desiludido do grupo de extrema-esquerda Socialisme ou Barbarie[18].

Por que o pós-modernismo se tornou um desafio tão grande? Por que a pós-modernidade foi "tão necessária, intuitivamente esperada e desesperadamente procurada", como afirmou um antigo devoto, com a vantagem de um

* Atual Tailândia. (N. T.)

[17] Ver a arqueologia crítica inigualável de Perry Anderson, *The Origins of Postmodernity* (Londres, Verso, 1998). [Ed. bras.: *As origens da pós-modernidade*, Rio de Janeiro, Zahar, 1999.]

[18] Jean-François Lyotard, *The Postmodern Condition: A Report on Knowledge* (trad. G. Bennington e B. Massumi, Minneapolis, University of Minnesota Press, 1984). [Ed. bras.: *A condição pós-moderna*, 10. ed., São Paulo, José Olympio, 2008.]

olhar mais cético[19]? A atração estética é facilmente entendida como, acima de tudo, mais uma manifestação do incansável impulso modernista para a inovação; que influências suas formas específicas teriam em oposição a seu predecessor/inimigo imediato, bem como ao contexto sociocultural. Mas a questão do significado teórico e político do pós-modernismo permanece. Aqui, Jeffrey Alexander captou um ponto importante quando conclui que "a teoria pós-moderna [...] pode ser vista [...] como uma tentativa de trazer de volta o problema do significado criado pelo fracasso da experiência dos 'anos 1960'"[20].

Tudo isso envolveu uma conjunção notável de brilhantismo e miopia. Na esfera cultural, mudanças importantes ocorreram claramente entre o trabalho de Mies van der Rohe e Robert Venturi, ou Jackson Pollock e Andy Warhol, mudanças que surgiram nos anos 1960 e estabeleceram um novo tom estético para as décadas seguintes. Esses desenvolvimentos garantiram análises da produção cultural de um novo modo, como o *Pós-modernismo*, de Fredric Jameson[21]. Mas até as melhores tentativas de relacionar as análises culturais com a mudança socioeconômica nunca conseguiram articular totalmente a ligação entre as duas. Jameson baseia seu balanço em *O capitalismo tardio*, de Ernest Mandel, um retrato da economia mundial do pós-guerra que se originou nos anos 1960 e foca, em grande medida, a regulação estatal do capital e seus limites intransponíveis; portanto Jameson não discute o capitalismo "tardio" pós-1975 ou o surgimento do modernismo neoliberal de direita[22]. Apesar de sua fértil contribuição, o pós-modernismo tornou-se um conjunto de ataques político-culturais à modernidade e ao moderno – um mal-estar no interior da analítica acadêmica[23]. Além do público específico de arte e arquitetura, dirigia-se amplamente à esquerda e à ex-esquerda, inclusive o feminismo, e deu uma atenção assombrosa ao crescimento simultâneo do modernismo de direita na forma do neoliberalismo ou capitalismo assertivo[24].

---

[19] Zygmund Bauman e Keith Tester, *Conversations with Zygmunt Bauman* (Cambridge, Polity, 2001), p. 71. [Ed. bras.: *Bauman sobre Bauman*, Rio de Janeiro, Zahar, 2011.]

[20] Jeffrey Alexander, "Modern, Anti, Post, Neo", *New Left Review*, Londres, Verso, n. 210, mar.-abr. 1995, p. 82.

[21] Fredric Jameson, *Postmodernism, Or, The Cultural Logic of Late Capitalism* (Londres, Verso, 1991). [Ed. bras.: *Pós-modernismo: a lógica cultural do capitalismo tardio*, 2. ed., São Paulo, Ática, 2007.]

[22] O livro *O capitalismo tardio*, de Ernest Mandel, foi publicado em inglês em 1975; a edição alemã apareceu em 1972, pela Suhrkamp. Segundo o prefácio do autor, os principais elementos da teoria do capitalismo tardio foram concebidos entre 1963 e 1967. [Ed. bras.: *O capitalismo tardio*, 2. ed., São Paulo, Abril Cultural, 1982.]

[23] Ver também Linda Hutcheon, *The Politics of Postmodernism* (Londres, Routledge, 2002) e Pauline Marie Rosenau, *Post-Modernism and the Social Sciences* (Nova Jersey, Princeton University Press, 1991).

[24] O próprio Jameson refuta de maneira depreciativa os atrativos intelectuais da doutrina: "Ninguém vai me persuadir de que existe algo glamoroso a respeito do pensamento de um

O pós-modernismo, pelo contrário, alimentou-se da desmoralização e da incerteza da esquerda durante a euforia do fim dos anos 1960 e começo dos anos 1970. Sua crítica à razão e à racionalidade se fortaleceu na "maquinaria de imagens" da sociedade televisiva, dando suporte aos "estudos culturais" acadêmicos[25]. Havia, além disso, outros dois pilares no novo edifício da pós-modernidade. Um foi a reestruturação social que seguiu a desindustrialização – uma época de mudança social. O outro foi a crítica ao progresso modernista que surgiu com as preocupações ecológicas – que, por sua vez, intensificaram-se com a crise do petróleo dos anos 1970 e início dos anos 1980. O ambientalismo pode ter tido dificuldade para florescer no ambiente esotérico da especulação filosófica pós-modernista, mas seus adeptos se mostraram receptivos ao pós-modernismo. Na verdade, os movimentos contrários [*blowback*] ao imaginário do mercado de massa, à desindustrialização e à ecologia serviram como uma caixa de ressonância social para o discurso pós-modernista de desorientação da (ex-)esquerda. Contra esse pano de fundo, o moderno – o alvo dos ataques pós-modernistas – foi definido de vários modos. Por exemplo, em *Modernidade singular*, enquanto nota agudamente as recentes "regressões" de um "consenso" prévio em torno da "plena pós-modernidade", Jameson cita o asceticismo do modernismo, seu falocentrismo e seu autoritarismo, a teleologia de sua estética, seu minimalismo, seu culto à inteligência e "as demandas desagradáveis" que faz à audiência ou ao público[26].

Embora a onda intelectual do pós-modernismo tenha baixado, a retomada da modernidade pela direita persiste. Enquanto a contaminação do darwinismo social pelo fascismo é escondida debaixo do tapete, a globalização é representada como a sobrevivência dos mais aptos, livre do pacifismo spenceriano e acompanhada, ao contrário, de um sonoro rufar de tambores neoimperialistas. O "moderno" está se tornando propriedade da reação liberal. A "modernização" do mercado de trabalho significa frequentemente mais direitos para o capital e para os empregadores. A "modernização" dos serviços sociais significa privatização e cortes nos serviços públicos. A "modernização" do sistema de aposentadorias significa em geral menos direitos para os idosos. Raramente o termo significa mais direitos para empregados, desempregados e pensionistas, menos direitos

Milton Friedman, um Hayek ou um Popper no dia e tempo presentes". Ver Fredric Jameson, *A Singular Modernity* (Londres, Verso, 2002), p. 2-3. [Ed. bras.: *Modernidade singular*, São Paulo, Civilização Brasileira, 2005.]

[25] Perry Anderson, *The Origins of Postmodernity*, cit., p. 88.

[26] Fredric Jameson, *A Singular Modernity*, cit., p. 1. Mas a austeridade, o falocentrismo e o autoritarismo eram realmente mais característicos e mais universais nas culturas e nas sociedades modernas do que nas pré-modernas?

para o capital ou mais serviços públicos. Se o modernismo socialista fosse uma espécie, ele estaria à beira da extinção.

A cultura acadêmica progressista tem decaído em todo o mundo, enquanto o pós-modernismo tem se convertido em estudos socioculturais, uma tendência que tem mais a ver com as sombrias perspectivas políticas *extra muros* do que com o tipo de antiesquerdismo interno virulento que se encontra na academia francesa e, com certeza, nos meios pós-comunistas. O Japão, que foi uma sólida base universitária da economia marxista e sobreviveu ao grande *boom* do pós-guerra, perdeu o brilho; a historiografia radical na Índia parece ter perdido seu impressionante vigor; e os ensaios político-intelectuais de esquerda saíram de moda na América Latina. As universidades públicas têm perdido muitos de seus alunos mais brilhantes para instituições privadas de direita. O marxismo de massa europeu e latino-americano de estudantes e professores acabou. Não só os estudantes universitários foram despolitizados, como seus movimentos se diversificaram e agora incluem os batalhões que saem às ruas para pedir "mudanças de regime" liberal-democráticas e pró-Estados Unidos na Sérvia, na Geórgia e na Ucrânia, assim como a oposição anti-chavista na Venezuela.

As academias, os *think tanks* e os institutos de pesquisa públicos ainda dão suporte a uma ampla gama de pensamentos marxistas e de esquerda. As universidades anglo-saxãs, politicamente mais isoladas, saíram-se melhor nesse sentido do que as latino-americanas, que são sempre mais suscetíveis aos desenvolvimentos políticos e às ambições. O não conformismo ainda é bem representado em Oxbridge* e na Ivy League**, bem como nas melhores universidades de São Paulo e Seul, por exemplo. Parte de sua força vem de uma geração madura, que orientou intelectualmente os estudantes radicais no fim dos anos 1960 e começo dos 1970 e atingiu os níveis mais altos da docência. Mas nos últimos cinco ou dez anos tem florescido uma nova, apesar de diminuta, geração intelectual de centro-esquerda.

Também tem havido uma inovação institucional. Um exemplo é a revitalização do Clacso (Conselho Latino-americano de Ciências Sociais), liderada por Atilio Boron e, mais recentemente, Emir Sader, e financiada pelos suecos e outros fundos públicos externos. O Clacso tornou-se importante inspiração e financiador de pesquisas empíricas progressistas; seu trabalho envolve, entre outras coisas, o monitoramento de movimentos de protesto na América Latina,

* Referência às universidades inglesas de Oxford e Cambridge. (N. T.)

** Grupo de oito universidades norte-americanas: Harvard, Yale, Princeton, Brown, Dartmouth, Penn, Cornell e Columbia. (N. T.)

que realizou um grande número de ações nos anos 2000, e a promoção dos contatos Sul-Sul[27]. Um equivalente africano mais fraco do Clacso, o Codesria*, com sede em Dacar, foi reformulado há pouco tempo. Atualmente, nos departamentos de pesquisas da ONU, também há vários produtos da era progressista, em particular do Terceiro Mundo, que estão realizando um excelente trabalho, enquanto praticam a cautela diplomática. A América Latina também tem sido um grande centro de pensamento e análise das culturas da globalização, como pode ser visto, por exemplo, nos trabalhos de Octavio Ianni e Renato Ortiz, no Brasil, e Néstor García Canclini, no México[28].

Sempre existiu um forte antimodernismo subalterno – ao qual a história da classe operária de E. P. Thompson** e os vários volumes da *Subaltern Studies****, de Ranajit Guha e seus colegas, deram eloquente expressão, e do qual James C. Scott tem sido um teórico entusiasta[29]. O movimento trabalhista marxista pôde acomodar-se frequentemente a ele por sua crítica socialista ao capitalismo industrial. Mas agora que a dialética marxista perdeu grande parte de sua força, é necessário lançar um olhar sistemático, embora breve, às atuais implicações políticas do antimodernismo.

Estamos interessados aqui nos movimentos críticos ao modernismo que não são, contudo, defesas de direita do privilégio e do poder tradicionais. Existem muitos desses movimentos e eles tendem a se dividir em dois grupos: um desafia o clamor por "progresso", "desenvolvimento" e "crescimento"; o outro questiona o "racionalismo" mundano e o secularismo.

---

[27] Ver Atilio Boron e Gladys Lechini (orgs.), *Políticas y movimientos sociales en un mundo hegemónico* (Buenos Aires, Clacso, 2007).

* Conselho para o Desenvolvimento da Pesquisa em Ciência Social na África (Council for the Development of Social Science Research in Africa). (N. T.)

[28] Néstor García Canclini, *Culturas híbridas* (São Paulo, Edusp, 2006); Octavio Ianni, *A sociedade global* (Rio de Janeiro, Civilização Brasileira, 1992); e Renato Ortiz, *Mundialização e cultura* (São Paulo, Brasiliense, 1994).

** Edward Palmer Thompson, *A formação da classe operária inglesa* (São Paulo, Paz e Terra, 1997). (N. T.)

*** *Subaltern Studies* é uma coleção de livros que começou a ser publicada em 1982 pela Oxford University Press India, em Nova Délhi, e depois por outras editoras em outros países. O volume 12 foi o último publicado (org. Shail Mayaram, M. S. S. Pandian e Ajay Skaria, *Muslims, Dalits and the Fabrications of History*, Nova Délhi, Permanent Black e Ravi Dayal Publisher, 2005). (N. T.)

[29] O trabalho clássico de James Scott é *Weapons of the Weak* (New Haven e Londres, Yale University Press, 1985); mas sua obra [*oeuvre*] também inclui *Domination and the Arts of Resistance* (New Haven e Londres, Yale University Press, 1992) e *Seeing like a State* (New Haven e Londres, Yale University Press, 1999).

Entre as críticas ao progresso e ao desenvolvimento, há uma que acompanhou a Revolução Industrial no mundo pós-industrial: a defesa do modo de vida tradicional de artesãos, camponeses, pequenos agricultores, pescadores e comunidades tribais. Essa defesa é facilmente apoiada pela esquerda anticapitalista que se encontra na oposição e tem sido adotada pelo atual movimento do Fórum Social: "Não queremos desenvolvimento. Queremos apenas viver", dizia a faixa no palco principal do Fórum Social Mundial de 2004, em Mumbai. Mas, quando colocado em termos fortes e não qualificados, isso não faz sentido para as massas do mundo que estão lutando para sair da pobreza. Como movimento, o antidesenvolvimento fragmenta-se com frequência em batalhas isoladas de minorias com apoio ineficiente e limitado.

Os Fóruns Sociais Mundiais da década de 2000 deram origem a movimentos similares de protesto antimodernista em diferentes países e continentes e têm também plataformas e audiência entusiasmada. Mas isso só é possível porque os Fóruns Sociais Mundiais são um fórum, um lugar de encontro – de longe o mais excitante das duas últimas décadas –, e não um movimento ou mesmo uma força de ação comum. A cultura crítica criada nos fóruns tem sido a da resistência ao modernismo neoliberal. A amplitude global da última ofensiva gerou uma ampla gama de perdedores e críticos que foram postos lado a lado em 2001, com talento latino, por uma coalizão diversificada de movimentos sociais brasileiros, acadêmicos e jornalistas franceses, unidos em torno do *Le Monde Diplomatique*[30]. Uma infraestrutura organizacional significativa foi disponibilizada por governos do Partido dos Trabalhadores (PT) em Porto Alegre e no Rio Grande do Sul, por franceses e outros trotskistas do movimento alterglobalista Attac e pelo Partido Comunista da Índia (Marxista) – PCI(M) em Mumbai. Mas em seu ecumenismo ideológico, na falta de um centro de controle único e de um caráter verdadeiramente global, os Fóruns Sociais Mundiais representam um fenômeno novo na história da esquerda mundial. Por outro lado, um espaço cultural estimulante não é em si uma ação transformadora, o que tem levado a debates tensos dentro do amplo Conselho Internacional dos Fóruns Sociais Mundiais[31].

Outra corrente, tão antiga quanto o próprio modernismo, é guiada por um compromisso com o estilo de vida natural ou estético, originalmente concebido como um protesto contra a urbanização maciça, feia e insalubre. Nos anos

---

[30] Bernard Cassen, "On the Attack", *New Left Review*, Londres, Verso, n. 19, jan.-fev. 2003.

[31] Ver Boaventura de Sousa Santos, "The World Social Forum and the Global Left", disponível em: <http://focusweb.org/the-world-social-forum-and-the-global-left.html?Itemid=150>, e Francisco Whitaker, *Crossroads do not always close roads*, disponível em: <http://wsfic-strategies.blogspot.com/2007/08/chico-whitaker-crossroads-do-not-always.html>.

1960, tornou-se um movimento urbano significativo, sobretudo na Europa Ocidental e na América do Norte, contra a demolição de centros históricos para a construção de vias rápidas e desenvolvimento comercial. Conseguiu muitas vitórias importantes em grandes cidades como Amsterdã, Paris e Washington, bem como em cidades menores, como Lund, cidade universitária na Suécia onde estudei. Desde então, tem se espalhado por outras partes do mundo. A esquerda radical – e em extensão muito menor a social-democracia e seus equivalentes de centro-esquerda – teve com frequência um papel ativo nesses movimentos urbanos, e coalizões amplas e bem-sucedidas têm se provado factíveis. A ironia política é que essas coalizões também incluem em geral um forte componente de conservadorismo cultural de centro-direita, de modo que o crédito pelo sucesso pode ser legitimamente reivindicado tanto pela direita quanto pela esquerda. Apesar disso, a poluição e os congestionamentos nas cidades asiáticas e do Terceiro Mundo são um testemunho em geral da debilidade e da necessidade urgente de movimentos urbanos críticos.

Em algumas partes do mundo rico, talvez mais em especial na Califórnia, houve o desenvolvimento de uma espécie de cultura pós-moderna de classe média. Suas origens se encontram na cultura jovem de "1968" – individualista, irreverente, hedonista, mas não necessariamente consumista e atraída pelo impulso incontrolável para a acumulação. Aberta às discussões idealistas, assim como às preocupações ecológicas e estéticas, esse é um meio ao qual o discurso de esquerda pode se conectar. Os jovens do Norte que participam nos Fóruns Sociais Mundiais vêm com frequência daí. Embora dificilmente esteja a ponto de transformar o inescrupuloso capitalismo mundial atual, como algumas teorizações entusiasmadas parecem sugerir (com algumas ressalvas), esse novo "espírito do capitalismo" oferece novas possibilidades ao diálogo e ao debate com a esquerda – como o antigo liberalismo iluminista[32].

A crítica ecológica ao desenvolvimentismo liga-se com facilidade tanto à defesa do modo de vida tradicional quanto ao esteticismo da comunidade urbana, mas, como movimento importante, é mais recente: remonta ao início dos anos 1970 e ao impacto dos *limites ao crescimento* (recentemente atualizado)*. Sua crença neomalthusiana original concentrou-se no esgotamento dos recursos naturais, que hoje tem sido substituída por uma ênfase na destruição ambiental

---

[32] Ver Luc Boltanski e Ève Chiapello, *The New Spirit of Capitalism* (Londres, Verso, 2006) [ed. bras.: *O novo espírito do capitalismo*, São Paulo, Martins Fontes, 2009]; e Nigel Thrift, *Knowing Capitalism* (Londres, Sage, 2005).

* O autor faz referência ao livro de Donella H. Meadows, Jorgen Randers e Dennis L. Meadows, *Limits to Growth: The 30-Year Update* (Vermont, Chelsea Green, 2004). [Ed. bras.: *Limites do crescimento*, Rio de Janeiro, Qualitymark, 2007.] (N. T.)

e na mudança climática provocada pelo homem. Mas os engenheiros do modernismo, que construíram a União Soviética e agora estão construindo a China pós-Mao, são tão surdos e cegos para o meio ambiente quanto foi modernismo capitalista descrito no *Manifesto Comunista**. Sobre esse assunto, devemos notar que os primeiros movimentos de oposição, na última fase da Europa Oriental comunista, eram frequentemente movimentos ecológicos.

O ambientalismo e o desenvolvimentismo chegaram a um compromisso modernista, ao menos em princípio, no conceito de *desenvolvimento sustentável*. Desde que levado a sério, esse conceito oferece uma importante base para as críticas e as intervenções contra o capitalismo desenfreado. De fato, o socialismo faria muito mais sentido no século XXI se as concepções de desenvolvimento sustentável tivessem sido desenvolvidas com base na teoria socialista, em vez de em uma tardia qualificação ecológica do capitalismo.

No segundo grupo de desafios ao modernismo, o universalismo secular do Iluminismo europeu, juntamente com seus rebentos do liberalismo colonizador, o nacionalismo anticolonial e desenvolvimentismo reativo pelo alto, tem sido cada vez mais desafiado e depreciado pelo nacionalismo étnico, pelos movimentos étnico-religiosos e por um ressurgimento do universalismo religioso. De diferentes formas, essas novas tendências culturais – que debocham do autoconfiante evolucionismo secular da modernidade – restringem severamente o pensamento crítico radical. Seus surgimentos inesperados também levam à reconsideração de algumas pressuposições da modernidade europeia.

Marx, Engels e os grandes marxistas que os seguiram sempre foram muito mais perspicazes e circunspectos do que sugerem os sumários dos livros-texto sobre o materialismo histórico. Embora a etnicidade, as nações e os conflitos nacionais não tenham espaço nesses livros, eles sempre prestaram atenção à sua importância estratégica, desde a hipótese de Marx de conexão entre as revoluções futuras na Irlanda e na Inglaterra até o foco na liberação nacional de Lenin e o Komintern. Por outro lado, a etnicidade em si não promove pensamento crítico e radical. Ao contrário, as mobilizações étnicas/nacionais tendem a encorajar o isolamento étnico e cultural. As lideranças, que tiveram com frequência uma formação cultural transétnica, puderam relacionar as lutas nacionais ao anti-imperialismo global e aos projetos universalistas de transformação social, ao socialismo ou ao comunismo, mas seu ponto de partida não estava baseado nisso. Portanto, as posições anti-imperialistas e/ou socialistas podem, sob circunstâncias geopolíticas alteradas, tornar-se posições facilmente descartáveis. A Etiópia e o Zimbábue de Mugabe são ilustrações patentes; outra é o atual Curdistão iraquiano, cujo clã principal ergueu certa vez a bandeira do marxismo-leninismo.

* Karl Marx e Friedrich Engels, *Manifesto Comunista* (São Paulo, Boitempo, 1998). (N. T.)

Até certas aproximações da Segunda Guerra Mundial na URSS e certas mudanças provocadas na Europa Ocidental e na América Latina após o Concílio Vaticano II, o marxismo arraigava-se firmemente à corrente secularista, anticlerical e frequentemente estética do modernismo. Nos países onde as populações subalternas têm um forte comprometimento religioso, como no caso de grande parte do mundo islâmico, isso funcionou como uma barreira entre o marxismo e o povo. Mas até na Indonésia, onde nem uma cultura islâmica mais aberta conseguiu evitar o surgimento de um movimento de massa marxista, o massacre de 1965 alimentou-se de um fervor religioso disfarçado.

Os fracassos dos nacionalismos seculares anticoloniais geraram um forte refluxo religioso, pouco politizado no mundo árabe islâmico e em grande parte da Índia hindu, majoritariamente apolítico na África cristã – com a exceção da África do Sul, onde vigorava o *apartheid* – e politicamente ativo na América Latina, mas internamente dividido entre correntes da democracia-cristã, da teologia da liberação e do protestantismo importado dos Estados Unidos (de direita ou politicamente conivente). Esse ressurgimento religioso, do qual faz parte também uma poderosa direita fundamentalista cristã nos Estados Unidos e um renascimento do judaísmo militante, alterou de modo significativo os parâmetros culturais da esquerda.

Entre o fundamentalismo das classes média e alta – cristão, judeu, muçulmano, hindu ou budista – e a esquerda, não existe uma linguagem comum que possa facilitar o diálogo, como há, oriundo do Iluminismo europeu, com o liberalismo da classe média e mesmo alta. Mas com a religiosidade das classes populares poderia haver.

Historicamente, tem sido muito difícil e raro chegar a qualquer entendimento ou forma de cooperação entre comunidades subalternas fortemente religiosas, de um lado, e a esquerda marxista e o movimento de trabalhadores, de outro. Os movimentos sociais cristãos do fim do século XIX e começo do século XX na Europa continental foram criados em geral por um clero local preocupado com a secularização industrial, da qual o movimento de trabalhadores socialistas era o representante mais importante. O antagonismo cultural quase sempre encobriu as questões sociais comuns, como a pobreza e a miséria, com as quais os movimentos sociais cristãos se viam cada vez mais confrontados. Apesar do atrito crescente e do conflito ocasional, esses movimentos religiosos conservaram lealmente sua submissão à hierarquia da Igreja e aos líderes políticos abençoados por ela. Até que surgiram os sindicatos religiosos secularizados, como aconteceu na Áustria, após a Segunda Guerra Mundial, na Holanda e na França, nos anos 1960, quando se colocaram as cartas na mesa e os movimentos sociais cristãos alinharam-se ao autoritarismo reacionário e antiesquerda – na Áustria em 1927-1934, na Holanda em 1918 e 1954 e na Alemanha em 1933.

No último terço do século XX, porém, houve uma mudança radical em parte da cristandade. O *mainstream* católico e protestante tornou-se, em geral, socialmente progressista e, com frequência, cultural e politicamente progressista. Defensores da solidariedade e da ajuda ao Terceiro Mundo, ativistas ambientais, projetos contra a pobreza, imigrantes perseguidos e até minorias religiosas e políticos radicais puderam contar com um apoio substancial da corrente dominante protestante, bem como da Igreja Católica. Os jesuítas, que por muito tempo foram demonizados por liberais e esquerdistas seculares, deram um apoio corajoso às lutas populares e pelos direitos humanos, sobretudo na América Central. Muitos foram martirizados pelos representantes da América *yankee* por causa disso. Os católicos progressistas constituíram um importante componente na formação do mais bem-sucedido partido de trabalhadores da América Latina, o PT, que levou o metalúrgico e sindicalista Lula à Presidência do Brasil.

Algo semelhante poderia ocorrer no mundo não cristão? O budismo *sinhala* no Sri Lanka e *hindutva* na Índia parecem ser movimentos políticos puramente etnorreligiosos. Os monges budistas de Burma/Myanmar podem apoiar o movimento democrático, mas quase nada se sabe de sua agenda social – se é que ela existe –, ainda que no outono de 2007 os protestos tenham começado por causa do aumento de preço dos combustíveis. No mundo muçulmano, ao contrário, existem correntes sociais realmente fortes. O Hamas na Palestina e o Hezbollah no Líbano funcionam como movimentos sociais islâmicos, mesmo quando são sufocados pelo jugo israelense, que é apoiado por toda a direita do Atlântico Norte. Existiram e ainda existem tendências similares na Turquia, mas como partido governista o AKP (Partido da Justiça e do Desenvolvimento) parece ter adotado a democracia cristã europeia como modelo, ou seja, enxergando e apresentando a si mesmo como um partido de centro-direita com preocupações sociais. Na Indonésia, também há um movimento político islâmico com perspectiva social.

O islamismo social provavelmente crescerá ainda mais, já que tem uma fonte quase inesgotável de problemas sociais nos países muçulmanos para alimentá-lo. Mas esse tipo de islamismo ocupa uma posição instável no amplo espectro que vai do fundamentalismo teocrático até a esquerda politicamente secularizada, e, graças aos pesados investimentos sauditas, norte-americanos e israelenses na forma de dinheiro e terror militar, o primeiro é mais forte e atraente que o último.

Em suma, o espaço cultural da esquerda mudou consideravelmente no último quarto de século. No geral, esse espaço diminuiu, mas os novos desafios do modernismo iluminista indicam novas tarefas e possibilidades para o pensamento e a prática de esquerda, bem como um chamado à autoavaliação crítica das limitações e lacunas inerentes do modernismo de esquerda.

A geopolítica depois da União Soviética

Inspiração e desmoralização política são muito mais influenciadas pelo poder estatal que pelos resultados dos conflitos estatais. A vitória do Japão sobre a Rússia em 1905, por exemplo, foi uma fonte de inspiração para os nacionalismos anticoloniais não apenas na Ásia, mas também no Egito e no Marrocos. Depois do resultado da Batalha de Stalingrado, a opinião pública europeia – da França ocupada à Suécia neutra – moveu-se para a esquerda. A Guerra do Vietnã, ao contrário da Guerra da Coreia, teve repercussões políticas enormes nos movimentos sociais ao redor do mundo.

O século XXI começa com uma configuração geopolítica nova, radicalmente diferente daquela do século anterior. Do modo como se apresenta hoje, há três grandes novidades. A primeira é a ausência de qualquer contrapartida estatal ao(s) grande(s) poder(es) capitalista(s). Exceto durante os quatro anos de aliança antifascista, de 1941 a 1945, a União Soviética – o que quer que tenha sido "realmente" – sempre foi vista como o poder estatal do anticapitalismo, como um escândalo e uma provocação a todas as correntes de direita. Como tal, a URSS inspirou em muitos socialistas e anti-imperialistas, e outros, ao menos certa confiança de que outro tipo de sociedade era possível, além da capitalista predominante. A União Soviética também deu apoio material substancial aos Estados radicais, organizações comunistas e refugiados de esquerda. Com a implosão da URSS e de seus territórios europeus, é provável que ninguém os acolha. E, com exceção dos atores intrarregionais latino-americanos, todos os papéis e funções estão vagos.

A segunda novidade é um sentimento geral no mundo – de norte a sul, à direita, à esquerda e ao centro – de que o fim da dominação do Atlântico Norte está se aproximando. Comparados com o crescimento explosivo da China e o vigor da Índia, a União Europeia e sua ampliação e o deslocamento militar da Otan para a Ásia são acontecimentos secundários. Um Sul liderado por China, Índia, Brasil e África do Sul está substituindo o Terceiro Mundo. O que esse deslocamento no globo significará no futuro ainda é incerto. As forças políticas de centro-esquerda estão em melhor situação no Sul do que nos Estados Unidos ou no mundo da Otan em geral. Todos os quatro países do Sul têm até partidos comunistas com influência governamental, comandando a China ou desempenhando papéis menores em coalizões nos outros três países. Mas o significado das forças de centro-esquerda é pouco claro na China, ambíguo no Brasil e na África do Sul e claramente minoritário na Índia. Um enfraquecimento da dominação norte-americana aumentará, *ceteris paribus*, as perspectivas de paz e a soberania nacional. O resto ainda está sujeito a especulações, seja de esperança, seja de temor.

A terceira é a guerra desterritorializada lançada por George W. Bush, com ajuda de Osama Bin Laden, e comemorada por políticos e ideólogos sionistas, dentro e fora de Israel. Decretada para ser uma guerra de aniquilação por pelo menos uma geração, criou um campo de batalha global em que a esquerda ou qualquer outro movimento que tenha um mínimo de decência humana não tem nenhum interesse – exceto que nenhum lado deveria vencer e quanto antes os dois lados se cansarem melhor.

Essa é uma guerra incomum, travada por contingentes relativamente pequenos, mas com "teatros", segundo o jargão militar, espalhados por vários continentes. De um lado, temos os bem-pagos e *high-tech* exércitos mercenários, cujos comandantes, públicos ou privados, são financiados pelos contribuintes; do outro, temos soldados não pagos, movidos pela religião e sem nenhuma tecnologia à disposição. Sustentados por voluntários, pagos ou não, nenhum dos dois lados depende do apoio público, embora os líderes políticos dos mercenários estejam com a (re)eleição garantida. Ambos os lados levaram a guerra a novos níveis de crueldade. O lado mais fraco mirou no elemento mais vulnerável do inimigo – a população civil –, se bem que em escala muito menor que a dos bombardeios ingleses e norte-americanos aos civis alemães e japoneses durante a Segunda Guerra Mundial. Ainda assim, as bombas, os mísseis e as ocupações do lado mais forte têm matado mais civis do que o outro lado, mostrando quão fino pode ser o verniz de civilização das democracias liberais. O cruel ataque de 11 de Setembro por um grupo de fanáticos provocou uma fúria de proporções cósmicas. O resultado foi que dois países de outro continente foram devastados e a destruição de um terceiro país, o Irã, é uma ameaçada constante. O mais notável, porém, são as prisões realizadas ao redor do mundo, o uso oficial de tortura tanto interna quanto externamente, a criação de câmaras de tortura e campos de concentração secretos e o desrespeito oficial à Convenção de Genebra no tratamento de prisioneiros de guerra e no devido processo legal. Essa extraordinária violência tem sido defendida e até perdoada pelas maiorias do Congresso dos Estados Unidos, pelos líderes social-democratas do Reino Unido e da Alemanha e pelos liberais escandinavos liderados pelo governo dinamarquês, que participou das guerras do Afeganistão e do Iraque.

O fato de que as revoluções e as guerras civis envolvem uma violência terrível fez com que os simpatizantes mais jovens das revoluções – ou, por exemplo, da Espanha Republicana – não pudessem ignorá-la, e eles estão certos. Mas uma análise atenta da modernidade deveria revelar os mecanismos que levam as democratas liberais aos horrores de Dresden, Hiroshima, Bagram e Guantánamo. A escala do horror é diferente, mas o trajeto de Stalin – da extrema pobreza no Cáucaso ao Gulag, passando pela opressão czarista e pelo matar ou morrer da Guerra Civil russa (incitada de fora) – não é mais incompreensível que a carreira de George W. Bush – o poder político herdado, as fraternidades de Yale e os negócios entre amigos, por meio de um 11 de Setembro de pequena escala, mas grande impacto simbólico, e, dali em diante, Bagram, Abu Ghraib, Guantánamo e a devastação de países inteiros, apenas com um movimento de caneta. Matar de uma mesa é, obviamente, sempre mais fácil.

Os comunistas de todo o mundo estavam cegos para o terror e a fome soviéticos, mas por que a mesma cegueira se repete neste mundo liberal saturado de mídia em relação aos quatro milhões de mortos na Rússia, nos anos 1990, resultantes da restauração do capitalismo? A resposta em ambos os casos é a mesma: o total comprometimento com uma causa, seja o comunismo, seja o capitalismo, cega as pessoas para os danos. Grande parte da esquerda aprendeu a lição, mas dificilmente aconteceu o mesmo com as figuras proeminentes da direita. Até agora, temos visto a repetição vingativa da violência histórica por parte da direita liberal (no sentido europeu de "liberal"), comemorada, ou pelo menos defendida, por muitos liberais de centro-esquerda. Qualquer lição histórica que diga respeito aos custos do apoio político incondicional tem sido postergada para um futuro incerto. Mas a evidência está ali. Os defensores fanáticos da *yezhovschina* nos anos 1930 foram sucedidos pelos igualmente fanáticos apoiadores da *yeltsinchina* dos anos 1990*.

Globalmente, o fim da União Soviética e a guerra de Bush contra o mundo significou uma conjuntura geopolítica muito mais desfavorável para a esquerda, que terá de aguardar a maré sulista para ganhar relevo. Os desenvolvimentos regionais, porém, são mais diversos. Na América Latina, a situação da esquerda melhorou radicalmente no novo século. O peso cauteloso de um Brasil de centro-esquerda dá certo equilíbrio aos Estados Unidos, cujas preocupações estão em outros lugares. A aliança entre o dinheiro do petróleo chavista e os profissionais cubanos (doutores, enfermeiros, professores, quadros políticos, entre outros) não só está sustentando as revoluções de Cuba e Venezuela, como também está fornecendo uma ajuda muito necessária a Evo Morales na Bolívia, a Rafael Correa no Equador e aos sandinistas na Nicarágua, e encorajando forças de esquerda por todo o hemisfério – e, ocasionalmente, como no México, assustando ainda mais as classes médias. A proposta de Chávez de criar um Banco do Sul**, apoiada em outubro de 2007 por Joseph Stiglitz, laureado do

---

* Jogo de palavras entre *yezhovschina* e *yeltsinchina*. A primeira é como é conhecida a gestão de Nicolai Yezhov, um dos líderes da polícia secreta soviética, na época em que houve o Grande Expurgo. A segunda concerne aos quatro milhões de pessoas que morreram sob o governo de Boris Yeltsin. (N. T.)

** Instituição financeira regional criada em 2007, no marco da elaboração de uma nova arquitetura financeira regional, com a adesão de Argentina, Bolívia, Brasil, Equador, Paraguai, Uruguai e Venezuela. (N. T.)

Prêmio Nobel e ex-economista-chefe do Banco Mundial, poderá se tornar tão significativa quanto a capital do Golfo Pérsico, que já agita o Congresso dos Estados Unidos.

Muitos Estados latino-americanos povoados por *criollos* – dos quais diversos promoveram ativamente seu "branqueamento" no século XIX por meio da imigração – estão agora enfrentando novos movimentos *indigenistas*, que colocam em cheque as próprias bases do Estado *criollo*. Esse desafio foi mais longe na Bolívia, que hoje vive um processo de reconstituição liderado pela Presidência de Evo Morales. O Equador está entrando agora nesse processo e as demandas indígenas estão se fazendo ouvir por todas as Américas, embora no México e na Guatemala ainda sejam contidas e divididas.

América do Norte

Os Estados Unidos, como única superpotência, são o último refúgio de todos os regimes reacionários na ordem mundial atual. Fora dos corredores do poder, sempre houve uma corajosa corrente de oposição ao imperialismo norte-americano, que cresceu diante das guerras de Bush, embora ainda seja muito mais fraca do que na Europa. A oposição à guerra moderou, mais do que radicalizou, o avanço das primárias dos Democratas em 2008, embora impelida por Barack Obama, John Edwards e, sobretudo, por Dennis Kucinich (os dois últimos abandonaram a disputa logo no início). Como era de se esperar, a coalizão de sindicatos protecionistas, anti-imperialistas e alterglobalistas de Seattle, em 1999, não se sustentou. Os Estados Unidos são também a base de um *lobby* sionista cruel – com uma importante corrente fundamentalista cristã – que pode proibir ocasionalmente a liberdade de expressão, mas não tem uma contrapartida política relevante. Um exemplo eloquente dessa militância virulenta ocorreu em outubro de 2007, quando David Horowitz lançou a "Semana de alerta ao fascismo islâmico", que incluía uma campanha contra a "Guerra de Jimmy Carter contra os judeus" – ele se referia provavelmente ao relato de viagem de Carter pelo *apartheid* palestino.

Apesar dos intrépidos e destemidos jornalistas, dos extravagantes congressistas idealistas, da vibrante Academia que ainda possui uma quantidade impressionante de intelectuais dissidentes e críticos e de uma oposição admirável, embora sem poder, os Estados Unidos ainda são a inescrupulosa fortaleza do poder mundial, explicitamente contrária às leis internacionais ou ao respeito à vida dos não norte-americanos. No outono de 2007, as projeções para as eleições presidenciais de 2008 indicavam que os eleitores dos Estados Unidos haviam aprendido pouco com a Guerra do Iraque, enquanto os candidatos republicanos rivalizavam em beligerância e as lideranças democratas demonstravam seu despreparo para uma guerra com o Irã. O fato de que os democratas mais beligerantes perderam para os que mais desejavam o uso da diplomacia pode ser de algum estímulo, animado pela decisão do governo Bush de incluir um diplomata nas conversas entre os Estados Unidos e o Irã, em julho de 2008, e enviar vários diplomatas a Teerã, nesse mesmo ano.

Claramente a influência mundial norte-americana está perdendo força, mas ir além desse "declínio terminal" do poder norte-americano é mera especulação até agora. No futuro próximo, os Estados Unidos continuarão a ser não apenas o maior poder militar mundial, mas também a economia mais rica do mundo, com uma dinâmica indústria de ponta em eletrônica, telecomunicações, biotecnologia e aeronáutica, e uma cultura popular de cinema, televisão e música sem igual no mundo – competidores de peso atuam principalmente em arenas nacionais ou regionais.

A despeito do Nafta, o Canadá, membro do G7, conseguiu conservar um modelo social mais igualitário, contradizendo o inoportuno "grasnar dos corvos" a respeito da corrosão do Estado-nação. Durante a preparação para a Guerra do Iraque, o Canadá mostrou-se mais relutante que a maioria dos Estados europeus, embora agora esteja desempenhando um papel ativo na guerra no Afeganistão.

A América do Norte é o principal destino da imigração mundial e o principal cenário dos sonhos não realizados dos imigrantes do Sul. O Canadá em geral, e cidades como Toronto e Vancouver em particular, tem se tornado um centro de multiculturalismo. Isso significa também que a ambiguidade política do cosmopolitismo é mais claramente visível no Canadá, atualmente sob um governo conservador pró-Estados Unidos.

Europa

A Europa está indo na direção oposta da América Latina. Nem a onda social-democrata do fim dos anos 1990 – quando os partidos social-democratas governavam ou estavam no governo de quatorze dos quinze Estados membros da União Europeia – nem a dinâmica social de esquerda dos referendos franceses e holandeses de 2005 têm se sustentado. O sistema político francês evitou a consolidação do *finest hour** francês, quando o país se posicionou contra a guerra ao Iraque; já o atual governo francês parece ter assumido o papel representado por Tony Blair, apoiando as guerras dos Estados Unidos.

---

* O autor refere-se à oposição francesa aos ataques dos Estados Unidos ao Iraque em 2003. *Finest hour* é uma expressão que significa "um momento para se orgulhar". (N. T.)

Alguns poderiam dizer que a Europa Oriental pós-comunista tendia a se tornar pró-Estados Unidos e de direita, mas, de fato, os processos políticos após 1989 revelaram-se muito mais complexos. Um dos motivos foi que a restauração do capitalismo estava longe de ser um sucesso geral. Ao contrário, levou a uma profunda recessão, ao empobrecimento e ao desemprego maciço – ao mesmo tempo que oferecia novas oportunidades, em particular para os jovens e para os que tinham alta escolaridade. Outro foi a compreensível incompetência dos novos políticos anticomunistas, que tiveram poucas chances de aprender sobre o governo durante o período comunista. O resultado foi que líderes políticos ex-comunistas da Estônia à Albânia encenaram um retorno bem-sucedido, inclusive com a vitória de Alexander Kwasniewski sobre o herói do Atlântico Norte, Lech Walesa, para a Presidência. Mas os ex-comunistas estão fascinados com o poder e o dinheiro ocidentais, além de muitos serem corruptos. Nenhum criou um partido robusto de justiça social, e os líderes europeu-ocidentais não lhes deram a chance de ter um sistema de segurança independente dos Estados Unidos. Por fim, eles estão presos ao turbilhão da Otan – o que inclui contribuir para as guerras do Afeganistão e do Iraque –, assim como com certa variedade de neoliberalismo.

Os políticos russos pós-comunistas têm sido muito manipuladores. Nunca permitiram uma democratização adequada, já que são continuamente conduzidos por um pequeno círculo no Kremlin que se manteve com a ajuda e os conselhos do Ocidente nos anos Yeltsin, vêm do antigo aparato de segurança soviético e enriqueceram com os altos preços do petróleo, do gás e dos metais nos anos Putin. Sob Putin, a Rússia recuperou-se como Estado-nação e conseguiu perseguir seus próprios interesses nacionais, que não são opostos nem idênticos aos interesses dos Estados Unidos. Sua relação com os objetivos de esquerda são inteiramente contingentes, mas a Rússia após Yeltsin tem agido como uma espécie de freio frouxo e, em última instância, ineficiente para a beligerância dos Estados Unidos. O nacionalismo evitou uma agenda social. O nacionalismo russo foi a carta que Yeltsin e seus administradores usaram contra Gorbachev, com quem teria sido possível uma União Soviética reformada, livre das irremediáveis incorporações nacionalistas do império czarista – os Bálcãs, a Transcaucásia e a Ucrânia ocidental. Quando Yeltsin tornou-se representante do Ocidente, a oposição comunista tornou-se majoritariamente nacionalista e assim continuou desde então, nunca levando a nenhuma tentativa social-democrata séria, nem ao menos remotamente parecida com as modestíssimas sociais-democracias da Europa Centro-Oriental. As maquinações nacionalistas anti-Chechênia e "antiterroristas" superaram em estratégia os rivais de Putin – muito mais socialmente enraizados e politicamente merecedores. Com a ajuda da renda do petróleo e do gás, Putin mostrou-se mais habilidoso e tornou-se mais popular do que se esperaria. Por sua causa, a Rússia voltou como um ator geopolítico independente, adicionando certo pluralismo ao grande jogo.

África

A África foi arrastada para a Guerra Fria depois do assassinato de Patrice Lumumba, o primeiro primeiro-ministro eleito do Congo e considerado "anti-Ocidente". Ocasionalmente, a guerra esquentava, como quando em pleno *apartheid* a África do Sul invadiu Angola para evitar que um governo "marxista" assumisse o poder e foi expulsa por tropas cubanas. Os Estados Unidos mantiveram o controle do Congo, mas a União Soviética atraiu muita atenção, levando a regimes de mentira – mas "marxista-leninistas" – em vários países africanos, da Etiópia ao Benin, passando por Moçambique, que foram todos depostos ou evaporaram no começo dos anos 1990. Os chineses, que seguiam seu caminho nas últimas décadas da Guerra Fria, retornaram com um apetite gigantesco pelas matérias-primas africanas. Se suas generosas ofertas de ajuda – por exemplo, para reconstruir a infraestrutura de transporte do Congo – deixarão rastros de desenvolvimento mais duradouros que os projetos anteriores, do Ocidente e do Oriente, é algo a se verificar.

Com a democratização da África do Sul, da Nigéria e de vários outros países menores, e com o início de cooperação entre eles, surgiram certa dignidade e estabilidade política na África, sustentadas atualmente pelo retorno do crescimento econômico geral. A África do Sul, agora próspera, democrática e relativamente bem administrada, vem exercendo certa liderança (progressiva) continental, que pode ser notada até em partes da África francófona. Embora tudo isso seja positivo, ainda é muito frágil e insuficiente.

No centro, o Congo-Kinshasa ainda é um buraco negro, infestado de violência, saques e miséria. No sul, há a crise não solucionada do Zimbábue. A oeste, há os conflitos étnicos e entre muçulmanos e cristãos na Nigéria, a imensa corrupção e a economia desonesta que persiste sob uma fina tela de eleições caóticas. No norte, os conflitos e as guerras internas do Sudão têm atraído a atenção dos Estados Unidos e da Europa Ocidental, porque jogam muçulmanos árabes contra cristãos negros. Mais ameaçador é o fato de que o norte da África – tanto o sul quanto o norte do Saara – e o nordeste da Somália estão sendo arrastados para a nova guerra mundial dos Estados Unidos. Uma nova estrutura de comando militar dos Estados Unidos, a Africom*, está sendo

---

* United States Africa Command (Comando dos Estados Unidos na África). (N. T.)

criada na África e, numa escalada de estímulo mútuo, os muçulmanos africanos estão sendo atraídos para o islamismo violento.

Com exceção de África do Sul, Senegal e Marrocos, não há hoje quase nenhuma força política importante de esquerda na África. O contingente mais importante, o Partido Comunista da África do Sul – o único verdadeiro partido comunista ao sul do Saara –, é um partido de sindicatos, quadros e intelectuais, extremamente dependente de sua capacidade de surfar pelas ondas difíceis do nacionalismo populista do Congresso Nacional Africano. Os centros intelectuais da África subsaariana – as universidades de Gana, em Legon, de Ibadã, na Nigéria, e Makerere, em Uganda, e os famosos centros marxistas de "estudos do desenvolvimento" em Dar es Salaam e (por um breve período após a liberação) Maputo – foram virtualmente arrasados pelas crises do fim dos anos 1970 e 1980. Legon e Makerere só agora estão retornando à vida intelectual, e Dacar sempre se manteve como uma base importante de pesquisa e reflexão, graças, em grande medida, aos esforços persistentes e ao comprometimento de Samir Amin. A África do Sul sob o regime do *apartheid*, por seus recursos e sua complexa fratura dentro do mando racista, contribuiu com poucos mas significativos ambientes intelectuais de progressismo. A Universidade de Fort Hare formou negros, inclusive negros radicais, e algumas universidades anglófonas – talvez mais do que todas a Witwatersrand (Wits), em Joanesburgo – acolheu um corajoso e ardente radicalismo branco. Mas a democracia tem atraído para a política a maioria dos mais brilhantes intelectuais, negros e mulatos em particular.

Ásia Ocidental

A Ásia Ocidental é uma parte pequena do mundo, mas possui uma importância global muito além do tamanho de seu território e população, e isso por três fatores: petróleo, Israel e Meca. A dependência dos Estados Unidos em relação ao petróleo asiático-ocidental tornou o controle da região vital para seus interesses. A renda obtida com o petróleo tornou possível a sobrevivência de regimes dinásticos arcaicos na virada ao século XXI, mais próximos da Inglaterra dos Tudor do que da Inglaterra georgiana, aquela contra a qual os jovens americanos se rebelaram. Se Saddam Hussein e o xeque do Kuwait tivessem enriquecido com exportações de arroz, ao invés de petróleo, é pouco provável que a soberania do último e as armas do primeiro tivessem interessado tanto à família Bush.

Israel é o último dos Estados povoado por europeus; esse povoamento começou nos tempos modernos, com o repovoamento das Américas, mas também pode ser visto como um descendente dos Estados das Cruzadas dos séculos XII e XIII. Suas origens estão ligadas, em grande medida, a um sionismo socialista, caracterizado por um forte idealismo universalista. Mas esse idealismo não conseguiu sobreviver à realidade geopolítica, isto é, ao fato de que a Palestina não era uma "terra sem povo para um povo sem terra". A Palestina era povoada e o projeto sionista não pode ser senão uma ocupação e uma limpeza étnica, que sobrevive num contexto hostil apenas pela força armada e por recursos captados de fora: imigrantes, dinheiro e armas.

O conflito palestino em si é relativamente pequeno e limitado, mas teve projeção no cenário mundial por duas razões: sua proximidade com a principal reserva de petróleo do Ocidente e a abastada diáspora judaica. Esta última transformou a situação dos povoadores sionistas numa questão mundial, valendo-se fortemente da vergonha e da culpa de europeus e norte-americanos pelo Holocausto. Além do mais, é claro que para os alemães e os norte-americanos, por exemplo, é muito mais cômodo que os palestinos paguem a dívida da Europa e dos Estados Unidos do que deixar que os sionistas criem um Estado étnico, digamos, na Bavária ou em Nova York.

A diáspora judaica é sempre capaz de apelar ao poder dos Estados Unidos para proteger o país, mas, por seu interesse pelo petróleo da região, os Estados Unidos também dão atenção aos vizinhos árabes de Israel. Esse imperativo torna politicamente impossível a morte ou a deportação de todos os palestinos da Palestina – uma *Endlösung* [solução final] genocida da "questão palestina" defendida por pelo menos um pequeno partido da coalizão governista israelense. O resultado é que, apesar do crescimento gradual de terras, riquezas e armas de Israel, o conflito persiste. Essa região é uma zona de guerra incessante. Fundado na guerra, Israel atacou seus vizinhos em 1956, 1967, 1982 (Líbano), 2000 (a indefesa Faixa de Gaza) e 2006 (o Hezbollah no Líbano). Israel foi atacado pelo Egito em 1973. Agora, os israelenses estão preparando, ao lado dos norte-americanos, uma nova guerra – contra o Irã. O conflito é ainda exacerbado e amplificado pelo fato de que a Palestina e o petróleo estão próximos de santuários e centros espirituais do Islã mundial. A presença de Israel e a vigilância dos Estados Unidos sobre os campos petrolíferos são vistos como uma afronta ao Islã.

A esquerda secular árabe foi desacreditada em 1967 pela devastadora guerra com Israel. A esquerda iraniana foi reprimida pelo Xá e depois esmagada na segunda fase da Revolução Islâmica. Os baathistas mataram a maioria dos comunistas iraquianos e seus colegas sírios só conseguiram sobreviver porque apoiaram o regime de Assad. A esquerda turca, espremida entre a vigilância dos militares, o nacionalismo urbano e o conservadorismo rural, foi eclipsada pela corrente social do movimento islâmico; e o marxismo palestino – a Frente Popular e a Frente Democrática pela Liberação Palestina, as duas facções principais da Organização para a Libertação da Palestina, bem como o Partido Comunista em Israel – foi aniquilado ou marginalizado do mesmo modo. O resultado é que o restante das forças democráticas e sociais na Ásia Ocidental é principalmente islâmico, se não exclusivamente. Mas também há reação monarquista e repressão teocrática.

O meio acadêmico na região – que abriga algumas excelentes universidades turcas e israelenses, universidades norte-americanas relativamente bem aparelhadas em Beirute e no Cairo e alguns centros com bem menos recursos – apresenta umas poucas correntes de pensamento radical. Mas, no conjunto, a maior parte da região é uma trágica zona de escuridão, contra a qual o hedonismo das classes altas de Beirute, Cairo e Tel-Aviv parece obsceno. Por outro lado, muitos dos pequenos sultanatos da Península Arábica têm dotado a região de certa importância. O canal de televisão Al-Jazeera tornou-se uma fonte de notícias de importância mundial e a imprensa anglófona no Golfo, comandada em grande parte por jornalistas indianos, oferece um excelente canal de notícias financeiras na *web*.

Graças à mistura de sionistas dinâmicos, petróleo e terras sagradas para o Islã, a Ásia Ocidental surgiu na segunda metade do século XX como a maior causadora de problemas mundiais, tanto para a direita quanto para a esquerda. Hoje, está mais sangrenta e caótica do que nunca.

Sul Asiático

Por seu envolvimento no Afeganistão e seu papel nos anos 1980 e começo dos anos 1990, como canal de dinheiro saudita para o anticomunismo islâmico no Afeganistão e na Ásia Central, o Paquistão caiu no redemoinho da militância islâmica na Ásia Ocidental. Após o 11 de Setembro, foi pressionado a se juntar à cruzada anti-islâmica de Bush, dilacerando ainda mais um país oficialmente islâmico, mas dividido. Afora isso, a geopolítica do Sul Asiático é ainda amplamente encoberta pelo conflito indo-paquistanês pela Caxemira, um conflito de interesse apenas local. As armas nucleares indianas, bem como as paquistanesas, também são de importância e interesse locais.

Tradicionalmente, na era pós-Segunda Guerra Mundial, a neutralidade indiana foi uma força da razão terceiro-mundista, tão longe quanto pôde chegar. Ainda não está claro até quando ela poderá resistir ao assédio dos Estados Unidos, diante da dura competição econômica chinesa. Mas vale notar o papel importante da Índia na tentativa de formar uma liderança geopolítica coletiva do Sul, primeiro pela aproximação com o Brasil e a África do Sul para criar uma tricontinental democrática do Sul e, em seguida, pela inclusão da China e pelo lançamento dos blocos do G-20 e do G-22 na OMC. Agora a Índia está sendo cortejada pela Asean para criar uma rede asiática mais ampla e horizontal. Contudo, a Índia não tem à vista um líder da estatura de um Nehru.

Em contraste com Bangladesh e o Paquistão, a Índia abriga movimentos radicais de relevância mundial, como ficou claro no bem-sucedido Fórum Mundial Social de Mumbai, em 2004. O PCI(M) faz parte da coalizão de governo, no qual pelo menos tem algum poder de veto; além disso, governa o vasto estado de Bengala Ocidental há décadas. A academia indiana, que foi um grande centro mundial de marxismo, parece abrigar ainda uma boa parte de pensamento radical, considerando-se que pouco restou dele nas universidades localmente politizadas de Bangladesh e do Paquistão. O *Economic and Political Weekly*, de Mumbai, ainda é uma fonte de informação e análise de enorme importância, sem equivalente internacional no que diz respeito à austeridade acadêmica progressista.

Sudeste Asiático

Essa é a parte do mundo em que se travou a maioria das batalhas a favor e contra o comunismo. O anticomunismo obteve suas vitórias mais sangrentas e devastadoras na Malásia, em Burma, nas Filipinas, na Tailândia e no massacre de civis comunistas desarmados na Indonésia, em 1965. Os comunistas também tiveram vitórias retumbantes na região – a dos vietnamitas – contra os franceses, em 1954, e contra os norte-americanos, em 1975. No momento, há uma retomada da insurgência comunista nas Filipinas.

Não admira que a associação de Estados da região, a Asean, tenha um viés conservador, embora não reacionariamente intervencionista como a Santa Aliança europeia. A orientação tácita da Asean era anti(-comunista)-chinesa, originalmente, mas diante da emergência dos mercados chineses tornou-se insustentável. Como consequência, a Asean está tentando se reciclar como um eixo asiático, buscando cooperação com a Índia e os três grandes do Nordeste: China, Japão e Coreia do Sul.

Apesar de contar com forças ativas e até militantes da democracia liberal, principalmente nas Filipinas, mas também na Indonésia e na Tailândia, essa é uma região conservadora, com poderes nominalmente comunistas no Vietnã, no Camboja e no Laos que ainda se encontram inseridos nos desenvolvimentos de mercado. Singapura, sob vigilância conservadora atenta, se não totalitária, é o centro intelectual da região e investe pesado para ampliar essa posição. Por razões não muito claras para mim, a Indonésia, o maior país na região, é academicamente muito fraco.

Nordeste Asiático

O peso geopolítico dessa região cresce rapidamente. Internamente, a balança do poder pende claramente do Japão para a China. Brechas regionais podem permitir o surgimento de atores menores – como a "onda coreana" na cultura popular –, mas o centro de gravidade é a China, que está ultrapassando os Estados Unidos como principal mercado exportador do Japão e da Coreia. Essa é uma região ainda dividida pelo ressentimento histórico e pela desconfiança – entre a China e o Japão, entre a Coreia e o Japão, além do controverso *status* de Taiwan, que é um Estado independente de fato, mas, segundo a lei, uma "província da China".

No Japão e na Coreia do Sul têm surgido sindicatos militantes e movimentos estudantis importantes, embora minoritários. Taiwan é uma fortaleza reacionária, apesar de ter sido corroída e enfraquecida por forças nacionalistas taiwanesas locais e democráticas. A China se mantém como potência comunista, o que significa que uma opção mais preocupada com o social ainda é possível, embora o país tenha se tornado um dos mais desiguais da Ásia em termos de distribuição de renda, muito mais do que a Índia.

O Nordeste Asiático será a principal arena mundial das próximas décadas. O rumo do desenvolvimento chinês será decisivo – ou um domínio capitalista continuamente controlado, ou uma institucionalização dos mercados socialistas. Ainda resta um legado marxista crítico nos centros de pesquisa chineses, nos círculos intelectuais da sociedade civil e em grupos do vasto aparato do partido; além disso, há muitos protestos de trabalhadores urbanos e cívicos. Até agora, porém, a soma desses elementos não resultou numa força política nacional significativa. As obscuras manobras do Partido Comunista são a chave invisível para o futuro da China.

De uma perspectiva global, a visão de mundo dos chineses é muito mais circunspecta, delimitada e pacifista que o universalismo missionário dos norte-americanos, com sua constante necessidade de defender o ponto de vista correto dos Estados Unidos. Uma dominação mundial da China permitiria mais espaço para respirar do que a dominação dos Estados Unidos, mas o mundo não seria necessariamente progressista.

Os espaços políticos do início do século XXI e a perspectiva do transocialismo

A esquerda está na defensiva, mas ainda tem linhas de defesa poderosas. A irreverência está desmantelando as tradições de deferência, oásis de cultura crítica persistem ao redor do globo e a emergência da beligerância norte-americana é contrabalançada pela maré econômica da Ásia Oriental, social e politicamente ambígua.

Os espaços socioeconômicos, culturais e geopolíticos do século XXI são radicalmente diferentes dos do século XX. Enquanto a desigualdade econômica cresce mais uma vez após a depressão histórica nos anos 1970, a estrutura de classe das forças sociais está ruindo. É mais improvável do que nunca que as classes ganhem novamente a importância que tinham nos séculos XIX e XX na Europa. Por outro lado, como a deferência tradicional tem enfraquecido e diminuído, abriu-se um novo campo de irreverência, tanto individualista quanto coletivo, criando uma nova volatilidade estrutural dos comprometimentos e alinhamentos políticos. Os mercados recuperaram a dinâmica que atuava nas nações ricas antes da Primeira Guerra Mundial e agora dominam a maior parte do mundo, testemunhando o novo vigor do capitalismo.

As mudanças no espaço socioeconômico têm profundas implicações para a dialética social marxista. As novas dinâmicas dos mercados revertem a tendência ao "caráter social das forças produtivas", tornando ainda mais agudo o conflito com as relações de produção capitalistas privadas e apontando para uma solução socialista. Essa previsão para o capital ocorreu de fato nos dois primeiros terços do século XX, em particular a coletivização – sob vários regimes políticos diferentes – do transporte de massa urbano, estradas de ferro, abastecimento de água, redes elétricas, instituições de crédito, ramificações estratégicas da produção e investimentos em ciência e tecnologia. A dinâmica de mercado e as novas formas de acumulação de capital privado fizeram com que os ultraliberais, que antes eram marginalizados, reivindicassem um capitalismo privado irrestrito numa realidade de privatização maciça, de norte a sul, leste e oeste, tanto pela centro-esquerda como pela direita.

A virada pós-industrial inverteu o segundo pilar básico da dialética marxista: o desenvolvimento do capitalismo gera uma classe trabalhadora sempre maior, mais concentrada e mais unificada. Os trabalhadores do setor de serviços, os trabalhadores "informais" e os vendedores ambulantes do Terceiro Mundo podem ser mais explorados, ao invés de menos, que os trabalhadores industriais, mas isso foge da questão. A visão marxista da transformação social não foi prevista por compaixão pelos "condenados da terra", mas por capacidade dos explorados e oprimidos de se emancipar pela luta de classes. As atuais tendências sociais tornam essas lutas mais difíceis.

Ao contrário de muitas análises recentes, o Estado-nação é a dimensão social que menos tem mudado. Existem mais Estados-nações do que nunca e a demanda por novos continua. Também são maiores e têm mais recursos em termos de arrecadação e gastos. A vigilância e a penetração das fronteiras têm se expandido: a primeira cresce a níveis sem precedentes e a segunda – em migração internacional – está voltando ao patamar de cem anos atrás. Como aconteceu na época, uma pequena fração desses imigrantes tornou-se militante e subversiva, provocando reações xenofóbicas nos países de destino. Cem anos atrás, os "terroristas" eram os imigrantes do Sul e os europeus orientais (e muito frequentemente os judeus) anarquistas, sindicalistas e outros militantes trabalhistas.

O modernismo iluminista secularizado, que criou um ambiente favorável à arte iconoclasta radical e ao pensamento social crítico, e do qual o movimento de trabalhadores marxistas foi parte importante, perdeu muito de sua força. A esquerda e a centro-esquerda foram particularmente atingidas pelos conflitos nos países anglo-saxões (condensados no "inverno de descontentamento" de 1978-1979), pelos fracassos e derrotas do desenvolvimentismo nacionalista no Sul, pela estagnação e implosão do comunismo e pelo questionamento fundamental do modernismo por um eleitorado que não era de direita, por movimentos populares subalternos, ambientalistas e correntes importantes da vanguarda intelectual que mergulharam no pós-modernismo. Na defensiva de esquerda, o modernismo neoliberal global é, neste novo milênio, um alvo suficientemente grande para unir amplas redes de resistência, reunidas fisicamente pelos Fóruns Sociais Mundiais. Trata-se de uma nova cultura crítica, com um impulso hegemônico antimodernista latente, que, no entanto, é improvável que se sustente, tanto contra antimodernismos religiosos e étnicos mais robustos quanto contra os esforços persistentes da esquerda para criar um mundo moderno diferente. Resta elaborar uma perspectiva de "desenvolvimento sustentável" segundo uma modernidade de esquerda diferente.

A situação geopolítica mudou fundamentalmente a partir do século XX, sobretudo com o fim da União Soviética. Apesar de todas as críticas da esquerda, a URSS era um polo importante de orientação para a esquerda mundial, não apenas para os comunistas, dissidentes ou não, mas também para os socialistas europeus, austro-marxistas, trabalhadores de esquerda, sindicalistas militantes e nacionalistas anti-imperialistas, nos três continentes do Terceiro Mundo.

O século XX foi o último século eurocêntrico. Até mesmo a Guerra Fria entre os Estados Unidos e a URSS – nenhum dos dois inteiramente europeus – concentrou-se na Europa, na divisão de Berlim, e a disputa final foi na Europa Oriental. À medida que o superpoder militar dos Estados Unidos se desvia dos novos desenvolvimentos econômicos na Ásia e em outros lugares, e surgem novas associações entre Estados, a geopolítica do século XXI torna-se mais aberta e descentralizada. A ascensão da violência não estatal, representada por empresas mercenárias e militantes voluntários, soma-se à descentralização da geopolítica atual – embora grande parte dessa violência esteja inserida na configuração imperial norte-americana, tanto em sua defesa quanto em seu ataque. Mas os atores principais da geopolítica ainda são os Estados nacionais, não os movimentos globais. Enquanto os alterglobalistas protestam, a OMC, o Banco Mundial e o FMI seguem seu caminho. O movimento pela paz pode ter mobilizado os povos e convencido as maiorias em muitos países, mas houve e ainda há guerras, e outras são planejadas.

Apesar disso, os protestos populares não são nem insignificantes nem impotentes, mesmo em contextos geopolíticos. Eles esclarecem as questões étnicas, podem alterar as relações de poder e forçar escolhas entre opções políticas. Como ideologia global, o neoliberalismo tem sido amplamente desacreditado e forçado a retroceder – quando não é definitivamente superado. Na opinião da maioria da população britânica, Tony Blair, apesar de todos os seus dotes retóricos e habilidades, sujou-se irremediavelmente com a guerra no Iraque. A Guerra do Vietnã foi decidida no campo de batalha, mas a opção de mandar os vietnamitas de volta à "idade da pedra" tornou-se politicamente impossível por causa do movimento contra a guerra.

Todas essas mudanças tiveram profundas consequências e implicações para as políticas de esquerda. Até o momento, a tendência geral é intensificar a luta pela paz, pela emancipação e pela justiça social. Mas isso pode mudar. O que é mais certo é que os novos parâmetros exigem um questionamento fundamental da esquerda. O novo vigor capitalista e a situação de menos classe e mais irreverência exigem algo que vai além da atenção dispensada aos "novos movimentos sociais". São necessárias concepções inovadoras de transformação da sociedade. Da perspectiva da emancipação humana, o modernismo iluminista continua sendo uma tradição respeitável, que deveria ser desenvolvida e defendida. Mas essas antinomias são muito facilmente encobertas pela dialética de classe anticapitalista, e suas relações com a resistência não modernista e com ecologia devem ser reconsideradas. Via Lenin e o leninismo, o marxismo tornou-se uma corrente ideológica global. Mas o marxismo-leninismo mostrou ser um modernismo insustentável. Num mundo pós-eurocêntrico, os admiradores de Marx têm de reconhecer esse fato e adequar sua posição, levando em conta que, com sua visão de classe secularizada, o marxismo foi um movimento profundamente europeu.

É tempo de começar a pensar, de uma perspectiva *transocialista*, um mundo além do capitalismo e suas *jointventures* de riqueza e miséria luxuriante. O transocialismo é uma perspectiva de transformação social que vai além das estratégias e das instituições históricas do socialismo, da centralidade da classe trabalhadora e da atuação do movimento trabalhista, da propriedade pública e do planejamento coletivo da produção em larga escala. Isso não é "pós-socialista", porque não implica uma aceitação do capitalismo como único jogo possível e porque não implica uma rejeição das metas do socialismo histórico nem das tentativas de "construí-lo". Ao contrário, ele começa de uma aceitação da legitimidade histórica do vasto movimento socialista e de sua heroica epopeia de criatividade e entusiasmo, persistência e luta, lindos sonhos e esperanças, assim como equívocos, fracassos e desilusões, enfim, de suas derrotas e vitórias. Ele guarda a ideia marxiana fundamental de que a emancipação humana da exploração, da opressão, da discriminação e do elo inevitável entre privilégio e miséria só pode surgir da luta dos próprios explorados e desprivilegiados. E continua no reconhecimento de que o século XXI começa a parecer muito diferente do século XX – não mais igual ou justo, mas com novas constelações de poder e novas possibilidades de resistência.

Qual pode ser a base dessa perspectiva política transocialista? Há quatro dimensões que parecem dignas de se ter em mente.

Em primeiro lugar, há a *dialética social do capitalismo*, que continua a existir. É impossível prever como será a congruência ou a incongruência das relações capitalistas de produção e das forças produtivas no fim deste século. Mas a dialética dos conflitos de classe ainda está em ação, embora não necessariamente com implicações que transcendam o sistema. A disseminação e crescimento do capitalismo continuam a fortalecer a classe trabalhadora, mantendo-se os outros fatores. As greves dos trabalhadores e outros protestos estão crescendo na China e na Europa Oriental, como cresceram na África do Sul e na Coreia e como provavelmente crescerão no Vietnã. O próprio sucesso do capitalismo ainda provoca protestos contra suas manifestações. Greves e rebeliões geram melhores salários e condições, mesmo entre os trabalhadores imigrantes do Golfo Árabe, que vivem sob um controle rígido. Uma dialética feminista semelhante disseminou-se graças à expansão da educação das mulheres, que provavelmente minará o inflexível patriarcado da Ásia Ocidental e do Norte da África. Num futuro próximo, porém, é improvável que essa dialética de classe e gênero leve a classe trabalhadora ou as mulheres da África, da Ásia, da Europa Oriental e da América Latina aos níveis que conquistaram na Europa Ocidental nos anos 1970 e 1980, respectivamente.

Em segundo lugar, há a *dialética da identidade étnica* coletiva entre grupos étnicos oprimidos e discriminados. O colapso das hierarquias nas crises capitalistas, bem como a disponibilidade de novos meios de comunicação para os despossuídos – como as "castas intocáveis", que se tornaram fator preponderante na política eleitoral urbana na Índia; a experiência dos mineiros bolivianos, que se tornou um modelo para as lutas dos *cocaleros*; a disseminação da internet; os povos indígenas das Américas e da Ásia do Sul, que obtiveram acesso aos recursos financeiros das ONGs –, têm promovido o surgimento de movimentos étnicos vigorosos.

Em terceiro lugar, e cada vez mais relevante, há uma dimensão de importância classicamente negada pelo marxismo, o *discurso moral*. Na verdade, este sempre fez parte do movimento da classe trabalhadora, preocupada não apenas com um "um salário justo, por um dia de trabalho justo", mas também com a "dignidade humana". Em que pese todo o abuso hipócrita dos políticos anglo-americanos, a disseminação do discurso dos direitos humanos, que começou em meados dos anos 1970, inaugurou um campo de preocupações amplas e debates possíveis.

Hoje, dois aspectos desse discurso moral se mostram urgentes. Um é a fixação ou o enraizamento dos direitos humanos numa concepção de direitos sociais, de escolhas e desenvolvimentos de modos de vida. Para isso, é necessário que os direitos humanos se libertem de sua construção anglo-americana superpolitizada que trata, por exemplo, os assassinatos de sindicalistas, advogados de direitos humanos, jornalistas e ativistas – no México, na Colômbia, no Brasil e em toda parte – como pecadilhos, mas considera a prisão de dissidentes políticos cubanos um crime hediondo – quando não coloca simplesmente o consenso de Washington de pernas para o ar. Um discurso consistente de direitos humanos significa, acima de tudo, que todos os seres humanos têm o direito de crescer, desenvolver-se e escolher como levar sua vida. Essa versão dos direitos humanos vem de uma linha respeitável de movimentos de trabalhadores e de esquerda: a solidariedade com todas as lutas contra a negação dos direitos sociais humanos.

O segundo aspecto do discurso moral é a *antiviolência*, que pode ser vista como uma derivação dos direitos humanos. A violência é a negação dos direitos humanos. O regime de Bush e Cheney, aplaudido pelo blairismo, mostrou quão frágil é a máscara da civilidade burguesa e quão facilmente se transforma em bombardeios, prisões, tortura e assassinato. Mas Bush, Cheney e Blair estão se esbaldando com a mudança radical da opinião da burguesia e do "meio do caminho". Na Alemanha, os líderes dos verdes apoiaram o bombardeio "humanitário" na Sérvia; no outono de 2007, generais alemães, holandeses e anglo-americanos inventaram uma nova estratégia para a guerra nuclear ("ataques nucleares preventivos"), que pode ser traduzida por um novo *slogan* para a Otan: "Vamos criar duas, três, centenas de Hiroshimas!". Os pacíficos dinamarqueses da história moderna declararam guerra aos nativos revoltosos, tanto no Iraque quanto no Afeganistão, ao mesmo tempo que humilham suas minorias muçulmanas com ações ratificadas eleitoralmente em nome do liberalismo. Em 2008, o candidato republicano à Presidência dos Estados Unidos cantou "*bomb, bomb, bomb Iran*" [bombardear, bombardear, bombardear o Irã] em seus comícios, enquanto Hillary Clinton, uma das candidatas democratas favoritas nas primárias, ameaçou o Irã com uma "total destruição". Ao lado do terrorismo cruel, embora de pequena escala, da Al-Qaeda e de outros militantes independentes, essas manifestações indicam que, inesperadamente, a violência se tornou a marca do período pós-Guerra Fria, neste início do século XXI. Uma fronteira moral crucial surgiu entre os bombardeadores – os ricos bombardeadores de terror e mísseis; os pobres bombardeadores suicidas; os bombardeadores democráticos e humanitários; os bombardeadores islâmicos – e os antibombardeios, antiocupação e antiviolência.

Como mostra o desenvolvimento recente, não há evolução moral – de fato, no momento há uma regressão liberal em larga escala – e nunca houve uma dialética moral. Pode-se argumentar, no entanto, que agora existe um campo de discussão moral mais amplo, com maior potencial para transcender as fronteiras nacionais e de classe. O que acontecerá nessa área é cada vez mais importante.

Em quarto e último lugar, no topo de uma dialética social (possivelmente) truncada e uma arena de discurso moral ampla, mas bastante contestada, a esquerda do século XXI precisa tatear num terceiro caminho: o comprometimento com o *prazer universal*. O significado do comunismo marxiano era a satisfação humana, posta nos termos de um ideal bucólico do século XIX. A austeridade da luta revolucionária substituiu o heroísmo revolucionário pelo hedonismo marxiano, e este último não teve apelo para os "respeitáveis trabalhadores" da social-democracia. Mas, depois de Maio de 1968, o hedônico, o *lúdico*, a orientação divertida do marxiano original deve reafirmar sua importância. De um lado, é uma questão de direito ao prazer – universal, em vez de segregado; de outro, é uma condição para instituições apropriadas tornar as oportunidades acessíveis. O compromisso da esquerda com o trabalho, com os direitos humanos socialmente significativos e com a não violência deveria cogitar também uma sociedade universal de prazer e diversão. Só os pervertidos de direita se divertem à custa de outros. A alegria sensual tem sido uma das contribuições brasileiras mais importantes aos Fóruns Sociais Mundiais e à possibilidade de um mundo diferente.

2. O marxismo do século XX
e a dialética da modernidade

Os que estudam a história parlamentar estão familiarizados com a ideia de "oposição leal a sua Majestade". O marxismo, como fenômeno social-histórico, tem sido a leal oposição a sua Majestade Modernidade – sempre crítico e lutando contra os regimes dominantes, mas nunca questionando a legítima majestade da modernidade ou, se necessário, defendendo-a explicitamente. Como muitas oposições, o marxismo teve também seus momentos no poder, mas a magia no governo é de curta duração em seu encanto e criatividade – o mais provável é que gere dúvida e desilusão – e é apenas pelo exercício do pragmatismo do poder que consegue se manter.

Contudo, o marxismo é a maior manifestação da dialética da modernidade, tanto no sentido sociológico quanto no teórico. Como força social, o marxismo foi fruto legítimo do capitalismo moderno e da cultura iluminista. Bem ou mal, certos ou errados, os partidos, os movimentos e as correntes intelectuais marxistas tornaram-se, ao menos nos últimos cem anos, do fim do século XIX ao fim do século XX, o principal meio de apreender a natureza contraditória da modernidade. Simultaneamente, o marxismo afirmou as características positivas e progressistas do capitalismo, como a industrialização, a urbanização, a alfabetização das massas, o olhar para o futuro ao invés de para o passado e manter os olhos fixos no presente; por outro lado, denunciou a exploração, a alienação humana, a mercadorização e a instrumentalização do social, a falsa ideologia e o imperialismo inerentes ao processo de modernização.

O liberalismo e o racionalismo do Iluminismo, com a inclusão recente da social-democracia pós-marxista e do conservadorismo pós-tradicional, representam a afirmação da modernidade e não levantam questões no que se refere à ciência, à acumulação, ao crescimento ou ao desenvolvimento. O conservadorismo tradicional, religioso ou secular, precaveu-se contra a negatividade da modernidade. A tradição intelectual nietzschiana, do próprio Nietzsche a Michel

Foucault, sempre zombou da modernidade, da democracia cristã e – em grau muito menor – islâmica, do fascismo e do populismo do Terceiro Mundo. Em geral, os marxistas estavam sozinhos tanto no elogio à modernidade – quando desmascararam o "atraso rural" e dissiparam a fumaça do "ópio do povo" – quanto no ataque. O marxismo defendeu a modernidade com o objetivo de criar outra modernidade, muito mais desenvolvida.

O marxismo foi a teoria dessa dialética da modernidade, bem como de sua prática. Sua teoria está centrada no surgimento do capitalismo como estágio progressivo do desenvolvimento histórico e em suas "contradições": a exploração de classe, as tendências às crises e a geração do conflito de classes. Depois de traçar suas linhas gerais no *Manifesto Comunista*, o método dialético marxiano preocupou-se com as dimensões do gênero e da emancipação nacional moderna. "O primeiro antagonismo de classe", escreveu Friedrich Engels em seu *A origem da família, da propriedade privada e do Estado*, é o que existe entre o homem e a mulher; "a primeira sujeição de classe" é a das mulheres pelos homens[1]. Um dos livros mais amplamente difundidos sobre o início do movimento de trabalhadores marxistas foi *Woman and Socialism* [Mulher e socialismo] (1883), de August Bebel[2].

O conceito de modernidade em Marx

Como analistas políticos apaixonados, Marx e Engels acompanharam de perto a política nacional de seu tempo, embora a maioria de seus escritos sejam respostas a circunstâncias particulares. No entanto, a partir do fim dos anos 1860, eles se concentraram num problema com implicações de longo alcance: como a opressão de uma nação sobre outra afetava o conflito de classes em cada uma. O caso em questão era a Inglaterra, o país capitalista mais avançado da época, onde – concluíram Marx e Engels – a revolução social era impossível sem antes uma revolução nacional na Irlanda. Os marxistas dos impérios russo e austro-húngaro tiveram de dar uma atenção teórica mais sistemática ao conceito de nação e a suas relações de classe. O principal trabalho teórico que resultou desse esforço foi *The Nationalities Questions*

---

[1] Friedrich Engels, *Die Ursprung der Familie, des Privateigentums and des Staats* (1884), em *Marx-Engels Werke* (Berlim, Dietz, 1972), v. 21, p. 69. [Ed. bras.: *A origem da família, da propriedade privada e do Estado*, Rio de Janeiro, Civilização Brasileira, 1974.]

[2] Bebel, como se sabe, liderou o partido marxista mais importante, o Social-Democrata Alemão. O movimento inicial de trabalhadores marxistas, em particular nas Europas Central e Oriental, tinha um número raro (para a época) de mulheres em posições de destaque: Angelica Balabanoff, Kata Dalström, Alexandra Kollontai, Anna Kuliscioff, Rosa Luxemburgo, Henriette Roland-Holst, Vera Zasulich, Clara Zetkin e outras. A social-democracia marxista foi também o primeiro movimento político masculino a fazer campanha pelo direito ao voto feminino.

and Social Democracy [As questões nacionais e a social-democracia] (1907), de Otto Bauer. Mas a visão estratégica e a prática política que vinculavam o marxismo e o conflito entre o capital e o trabalho às lutas anticoloniais e pela autodeterminação nacional foram totalmente desenvolvidas, pela primeira vez, por Vladimir Lenin, numa série de artigos escritos pouco antes da Primeira Guerra Mundial e consolidados em seguida em seu estudo *Imperialismo fase superior do capitalismo*, escrito em 1916[3].

Considerar Marx e Engels dialéticos da modernidade é uma leitura do fim do século XX, uma expressão de um período em que a teoria social crítica afirmava sua relativa autonomia da economia e, acima de tudo, o próprio valor da modernidade era questionado da perspectiva da pós-modernidade e não mais da pré-modernidade. No entanto, devemos enfatizar que, embora fossem novas, essas leituras iniciadas por Berman não foram impostas de forma arbitrária[4]. Mesmo nunca tendo sido teorizada ou admitida nos cânones do marxismo clássico, há certa concepção de modernidade no pensamento de Marx. As oito primeiras páginas do *Manifesto Comunista* da edição da Werke falam da "indústria moderna" (três vezes), da "sociedade burguesa moderna" (duas vezes), da "burguesia moderna" (duas vezes), dos "trabalhadores modernos" (duas vezes) e (uma vez) do "poder do Estado moderno", das "forças produtivas modernas" e das "relações de produção modernas"[5]. E o "objetivo principal" de Marx, em *O capital*, como ele próprio diz no prefácio da primeira edição, era "revelar as leis econômicas do movimento da sociedade moderna".

Pegar os dois chifres da modernidade, o emancipador e o explorador, é uma tarefa intrinsecamente delicada, mais facilmente assumida por intelectuais do que por políticos. Como consequência, a tradição marxista tende a ir de uma caracterização à outra em sua prática da dialética da modernidade. Na Segunda Internacional (1889-1914) e na tradição social-democrática posterior, o aspecto negativo tendeu a ser cada vez mais dissimulado por uma concepção evolucionista de poderes contrapostos, de sindicatos e partidos da classe trabalhadora. O Komintern ou Terceira Internacional (1919-1943) e a tradição comunista subsequente, ao contrário, concentraram-se no negativo e em suas peripécias,

---

[3] Um excelente panorama sobre essas questões, bem como uma seleção resumida de textos, é encontrada em Georges Haupt, Michael Löwy e Claudie Weill (orgs.), *Les marxistes et la question nationale, 1848-1914* (Paris, Maspero, 1974).

[4] Marshall Berman, *All That Is Solid Melts Into Air* (Londres, Verso, 1983). [Ed. bras.: *Tudo que é sólido desmancha no ar*, 2. ed., São Paulo, Companhia das Letras, 2006.]

[5] Karl Marx e Friedrich Engels, *Manifest der kommunistischen Partei* (1848), em *Marx-Engels Werke*, (Berlim, Dietz, 1972), v. 4, p. 462-9.

denunciando os males do capitalismo e alimentando a esperança de uma reversão revolucionária repentina.

As correntes puramente intelectuais da teoria crítica – ou a Escola de Frankfurt, como também eram chamadas – enfatizavam os aspectos contraditórios e negativos da modernidade, mas não apontavam um futuro melhor. O livro clássico desse tipo de pensamento é *Dialética do esclarecimento*, de Max Horkheimer e Theodor W. Adorno, escrito durante a Segunda Guerra Mundial por dois judeus alemães exilados nos Estados Unidos. Embora sublinhem que a "liberdade social é inseparável do pensamento iluminista", o tema do livro é a "autodestruição do Iluminismo"[6]. A astúcia calculada deste último data do mito homérico de Ulisses; sua moralidade emancipada é expressa nas fantasias sadomasoquistas de Sade e seu esclarecimento a respeito das pessoas, na "decepção de massas" da "indústria cultural". Para eles, os antissemitas eram "liberais que queriam afirmar sua opinião antiliberal"[7]. A "lista de candidatos" do sistema eleitoral norte-americano era em si, em sua redução das diferenças individuais, antissemítica[8].

Assim, a dialética marxista da modernidade brilhou entre as sombras das fábricas de morte de Auschwitz e os raios de luz lançados pelo crescimento e pela organização da classe trabalhadora.

Momentos da tradição crítica

A crítica e o criticismo surgiram na Europa do século XVII como iniciativas intelectuais importantes, cujo foco era o exame filosófico detalhado de textos antigos, inclusive textos sagrados[9]. No século seguinte, o escopo abriu-se para as críticas da política, da religião e da razão. Na Alemanha dos anos 1840, o criticismo expandiu-se, após décadas de reação pós-revolucionária, na forma de críticas filosóficas da religião e da política. Marx e Engels iniciaram a colaboração que duraria uma vida com uma sátira da esquerda hegeliana "crítico crítica" de Bruno Bauer e outros, em *A sagrada família*, escrita em 1844*.

---

6 Max Horkheimer e Theodor W. Adorno, *Dialectic of Enlightenment* (1947) (trad. John Cumming, Nova York, Continuum, 1997), p. xiii. [Ed. bras.: *Dialética do esclarecimento*, Rio de Janeiro, Zahar, 2011.]

7 Ibidem, p. 200.

8 Ibidem, p. 206.

9 Reinhart Koselleck, *Kritik und Krise* (1959) (Frankfurt, Suhrkamp, 1992), p. 87 e seg. [Ed. bras.: *Crítica e crise*, Rio de Janeiro, Contraponto, 1999.]

* Karl Marx e Fredrich Engels, *A sagrada família: ou a crítica da Crítica crítica – contra Bruno Bauer e consortes* (São Paulo, Boitempo, 2003). (N. T.)

Apesar disso, a tradição teórica crítica alemã, que, considerada em sentido amplo, incluía também Kant e os hegelianos de esquerda, foi incorporada ao marxismo. Afinal, Marx e Engels proclamaram-se os herdeiros da filosofia alemã e a obra mais importante de Marx tinha como subtítulo *Crítica da economia política*. Durante muito tempo, na literatura alemã, ou na que se inspirava nela, "crítica da economia política" foi sinônimo de marxismo.

Na "ciência" com que Marx estava comprometido, a "crítica" era elemento fundamental e pretendia-se científica. Embora Marx e Engels não vissem tensão entre ciência e crítica, no Ocidente, sobretudo no Ocidente anglófono, a entrada de Marx nas academias após 1968 estabeleceu uma distinção entre os marxismos "crítico" e o "científico"[10]. Sem entrar na linhagem e no mérito dessa distinção, os tipos ideais de Gouldner mostravam uma divisão de estilos e estratégias cognitivas na academia *marxizante* da época. Ainda assim, isso deu à "crítica" um sentido mais estrito do que tinha antes. Os "dois marxismos" de Gouldner foram um momento da tradição crítica, e não a própria tradição[11].

O século XX chegou com dificuldade aos padrões estabelecidos por Immanuel Kant e outros para o século do Iluminismo, ou seja, "a verdadeira [*eigentliche*] era da crítica". O lugar da crítica na teoria social contemporânea é mais bem entendido em referência ao contexto e aos autores da teoria crítica: um pequeno grupo de judeus alemães brilhantes, exilados em Nova York no fim dos anos 1930.

O terreno da teoria crítica

Como conceito, a teoria crítica foi lançada em 1937 por Max Horkheimer, diretor do exilado Instituto para Pesquisa Social de Frankfurt; ele escrevia em Nova York para a revista do Instituto publicada em Paris, em língua alemã. Teve a colaboração de seu colega Herbert Marcuse[12]. O significado do termo "teoria crítica" era uma concepção reflexiva, filosoficamente consciente de si mesma, da "crítica dialética da economia política"[13]. Noção-chave do círculo

---

[10] Alvin Gouldner, *The Two Marxisms* (Londres, Palgrave Macmillan, 1980).

[11] Uma elaboração recente e mais fiel da crítica de Marx pode ser encontrada em Robert Meister, *Political Identity: Thinking Through Marx* (Oxford, Blackwell, 1990).

[12] Herbert Marcuse, "Philosophie und kritische Theorie" (1937), em *Kultur und Gesellschaft* (Frankfurt, Suhrkamp, 1965), v. 1. [Ed. bras.: *Cultura e sociedade*, 2. ed., São Paulo, Paz e Terra, 2006.]

[13] Max Horkheimer. *"Traditionelle und kritische Theorie" (1937)*, em *Max Horkheimer, Gesammelte Schriften* (org. Alfred Schmidt e Gunzelin Schmidt Noerr, Frankfurt, Fischer, 1988), v. 4, p. 180. [Ed. bras.: *Teoria tradicional e teoria crítica*, São Paulo, Abril Cultural, 1983.] Ver também *Critical Theory: Selected Essays* (trad. M. J. O'Connell, Nova York, Herder e Herder, 1972).

de Horkheimer, mais tarde conhecido como Escola de Frankfurt, a "teoria crítica" substituiu o "materialismo". O intelectual mais próximo de Horkheimer, Theodor W. Adorno, escreveu muito tempo depois que a mudança de expressão não foi intencional para "tornar o materialismo aceitável, mas para usá-lo a fim de tornar os homens mais teoricamente conscientes daquilo que distingue o materialismo"[14]. Isso é provável, de fato, porque a posição de Horkheimer em relação ao mundo real burguês era mais intransigente em 1937 do que em 1932, quando foi diretor e editor do Instituto pela primeira vez.

Por outro lado, Horkheimer sempre foi hábil e cauteloso. Desde o início, a teoria crítica era mais um código do "materialismo dialético" do que um criticismo. Como tal, tinha uma ligação especial com o proletariado, embora não fácil, e em grande medida afirmou a primazia da economia[15]. Quarenta anos depois, Herbert Marcuse, que nos anos 1930 era uma das estrelas em ascensão do Instituto, afirmaria que "no fim, a própria teoria marxista era [sua] força de integração"[16].

A teoria crítica – em oposição à "teoria tradicional", exposta pela primeira vez no *Discurso sobre o método*, de Descartes, em 1637, e encarnada nas "disciplinas especiais" [*Fachwissenschaften*] – primeiro rejeitou a divisão intelectual do trabalho e, com isso, todas as concepções de teoria nas ciências, tanto sociais quanto naturais, fossem empiristas ou não. É uma "atitude humana [*menschliches Verhalten*]", escreveu Horkheimer, "ter a própria sociedade como objeto". A vocação do teórico crítico "é a luta, a que seu pensamento pertence". A teoria crítica é "um simples julgamento existencial elaborado"[17]. Apesar de rejeitar um papel na divisão do trabalho, os teóricos críticos não se mantêm fora ou acima das classes. Entre eles e "a classe dominada" existe uma "unidade dinâmica", embora essa unidade "exista apenas como conflito". Pela interação dos teóricos com a classe dominada, o processo de mudança social pode ser acelerado. A tarefa da teoria crítica é contribuir para a "transformação do todo social", que somente ocorrerá por agudos conflitos sociais. Portanto, a teoria não oferece melhorias a curto prazo nem progresso material gradual. Ainda assim, a teoria crítica é uma teoria, caracterizada por conceituação formal, lógica dedutiva e referência experimental. Partes dela podem funcionar no modo "tradicional"

---

[14] Theodor Adorno, *Negative Dialectics* (trad. E. B. Ashton, Nova York, Seabury Press, 1973), p. 197. [Ed. bras.: *Dialética negativa*, São Paulo, Zahar, 2009.]

[15] Max Horkheimer, "Traditionelle und kritische Theorie", cit., p. 187 e seg., e "Nachtrag" (1937), em Max Horkheimer, *Gesammelte schriften*, cit., v. 4, p. 222.

[16] Ver Jürgen Habermas, *The Theory of Communicative Action* (trad. T. McCarthy, Boston, Beacon Press, 1981), p. 197.

[17] Max Horkheimer, "Traditionelle und kritische Theorie", cit., p. 180, 190, 201.

do pensamento, ou seja, em análises científicas corriqueiras. Ela não é contra nem indiferente à pesquisa empírica[18].

O centro da teoria crítica como teoria é o conceito marxiano de troca, do qual se desenvolveu a "sociedade capitalista circundante real" na Europa[19]. A teoria crítica é reduzida "em muitos lugares" ao economicismo, mas isso não significa que o econômico é considerado muito importante, mas sim de forma muito estrita. Se realmente está ocorrendo, o processo de formação social [*Vergesellschaftung*] precisa ser estudado e analisado não apenas em termos econômicos estritos, mas também em relação ao funcionamento do Estado e ao desenvolvimento dos "movimentos essenciais da democracia real e suas associações"[20]. "Seria falso", escreveu Marcuse, "dissolver os conceitos econômicos em conceitos filosóficos. Ao contrário, [...] objetos filosóficos relevantes deveriam ser desenvolvidos a partir do contexto econômico"[21].

Pode ser pertinente comparar brevemente a teoria crítica em sua forma original clássica com uma formulação programática do lugar e do uso do conhecimento social de um ponto de vista radical, escrito na mesma cidade e quase na mesma época que o texto de Horkheimer por um professor da Universidade de Columbia, que foi também um dos anfitriões do Instituto de Frankfurt. O livro *Knowledge for What?* [Conhecimento para quê?], de Robert Lynd, apareceu em 1939 como versão impressa de uma série de palestras realizadas em Princeton na primavera de 1938. As preocupações e as perspectivas sociopolíticas de longo prazo do filósofo alemão e do sociólogo norte-americano são similares em muitos aspectos. Lynd também é crítico da divisão acadêmica do trabalho e da tendência da ciência social empírica de considerar as instituições contemporâneas como dadas. Ao contrário, seu desejo é orientá-la para "aquilo que os atuais responsáveis por essas instituições se unem para realizar", isto é, a mudança institucional[22]. A direção dessa mudança por que Lynd se empenha é similar à de Horkheimer, ou seja, a ampliação "marcada" da democracia – não só no governo, mas também na indústria e em outras formas de iniciativa – e a substituição do "capitalismo privado"[23].

Mas a linguagem e o modo de pensar são muito diferentes. Lynd não volta a uma tradição teórica, mas argumenta da perspectiva das questões empíricas

---

[18] Ibidem, p. 192-3, 199-200. Os interesses amplos dos teóricos críticos em pesquisa empírica vieram mais claramente à tona nas disputas da *Zeitschrift für Sozialforschung*, a revista do Instituto.

[19] Ibidem, p. 201.

[20] Max Horkheimer, "Nachtrag", cit., p. 222-3.

[21] Herbert Marcuse, "Philosophie und kritische Theorie", cit., p. 102.

[22] Robert Lynd, *Knowledge for What?* (Princeton, Princeton University Press, 1939), p. 180; os itálicos foram omitidos.

[23] Ibidem, p. 220.

do cotidiano. Sua concepção pragmática da ciência social – "A ciência social se erguerá ou cairá, segundo sua habilidade em servir aos homens, enquanto eles lutam pela vida"[24] – é vista por Horkheimer com desagrado. A perspectiva histórico-crítica adotada por ele não é exploração e classe – embora defenda que classe e conflito de classes mereceriam mais consideração por parte dos cientistas sociais norte-americanos –, mas uma espécie de antropologia da "vontade humana", como uma unidade de medida para avaliar as instituições existentes[25]. O socialismo de Lynd não tem vocação para a luta, mas apresenta-se como a "hipótese" de que o capitalismo "não age, e provavelmente não poderia ser forçado a agir, para garantir a quantidade de bem-estar geral que o estágio presente de nossas habilidades técnicas e nossa inteligência nos permitem"[26].

Depois de Lynd, a linguagem crítica típica do radicalismo dos Estados Unidos foi levada adiante por C. Wright Mills, de forma mais característica e influente, em *A imaginação sociológica* (1959). As três questões básicas dessa imaginação, que Mills desenvolve com a autoconfiança óbvia e a franqueza direta do artífice do Novo Mundo, são as mesmas que subjazem à maioria das reflexões sociais da Escola de Frankfurt, muito mais complexas, elaboradas e sutis: "Qual é a estrutura dessa sociedade em particular, como um todo?", "Onde essa sociedade está situada na história humana?", "Quais são os mecanismos pelos quais está mudando?" e "Que variedades de homens e mulheres predomina nessa sociedade e nesse período?"[27]. É claro que Adorno, Horkheimer, Marcuse e outros desaprovariam a noção de uma "mecânica" da mudança histórica. Além do mais, a prosa rápida de Mills não trazia uma interpretação especial da história do mundo. Os teóricos críticos perseguiam outros interesses além da teoria social, e isso incluía a teoria do conhecimento, a história da teoria e outras coisas mais.

Popper *versus* Adorno

Em 1961, a Associação Sociológica Alemã enfrentou críticas sistemáticas e fundamentalmente antagônicas quando convidou Karl Popper a participar de uma conferência sobre a lógica das ciências sociais, ao lado de Adorno. O encontro foi civilizado, mas provocou na Alemanha uma acalorada controvérsia que, para o desgosto de sir Karl, tornou-se conhecida como a *Positivismusstreit* –

---

[24] Ibidem, p. 177.

[25] Ibidem, p. 192 e seg.

[26] Ibidem, p. 220.

[27] Charles Wright Mills, *The Sociological Imagination* (Nova York, Galaxy/Oxford University Press, 1967), p. 6. [Ed. bras.: *A imaginação sociológica*, Rio de Janeiro, Zahar, 1965.]

a controvérsia do positivismo[28]. Popper, que rejeitava o rótulo de "positivista", apresentou seu ponto de vista como "criticista", cujo centro é uma visão do método científico como "tentativas provisórias de solução" para os problemas, soluções controladas pelo "mais agudo criticismo". Popper atacou explicitamente uma concepção indutivista e naturalista da ciência e reconheceu o valor de um método interpretativo da "lógica da situação" nas ciências sociais[29].

Como dialético, Adorno surpreendeu-se por encontrar muitas coisas com que concordar na posição criticista de Popper e sua exposição foi mais uma reflexão sobre as teses de Popper do que a apresentação de um conjunto de antíteses. Mas isso não prejudicou a agudeza crítica que lhe era característica[30]. A principal divergência de Adorno em relação a Popper concernia ao objeto do criticismo ou crítica – em alemão, a mesma palavra é usada para ambos. Para Popper, o alvo do criticismo eram as soluções propostas para os problemas científicos, mas, para Adorno, a crítica devia se estender a toda a sociedade. É apenas quando concebemos uma sociedade diferente daquela como é que a sociedade atual se torna um problema para nós: "somente pelo que é, ela não revelará a si própria como é, e isso, suponho, é o que se transforma em sociologia, que não é, como a maioria de seus projetos, verdade, limita-se aos propósitos da administração pública e privada"[31].

A dialética da teoria crítica desenvolveu-se para além da crítica marxiana da economia política. Durante a guerra, Horkheimer abandonou o projeto de escrever um grande tratado sobre dialética; em vez disso, ele e Adorno coligiram

---

[28] Karl Popper, "The Frankfurt School: An Autobiographical Note", em Judith Marcus e Zoltan Tar (orgs.), *Foundations of the Frankfurt School of Social Research* (New Brunswick, Transaction Books, 1984); Theodor Adorno et al., *The Positivist Dispute in German Sociology* (trad. D. Adey e G. Frisby, Londres, Heinemann, 1976).

[29] Karl Popper, "Die Logik der Sozialwissenschaften", em Heinz Maus e Friedrich Fürstenberg (orgs.), *Der Positivismusstreit in der deutschen Soziologie* (Neuwied e Berlim, Luchterhand, 1962), p. 106-7, 120.

[30] Theodor Adorno, "Zur Logik der Sozialwissenschaften", em Heinz Maus e Friedrich Fürstenberg (orgs.), *Der Positivismusstreit in der deutschen Soziologie*, cit., p. 125, 128. O contraste entre a argumentação elegante de Adorno e a desagradável arrogância de Popper após o evento é resultado do fato de Adorno abster-se de ataques pessoais em sua introdução de 1969, bem como em seu *Korreferat*, de 1961. No fim deste último, Adorno refere-se a uma correspondência anterior ao encontro, em que Popper teria dito que a diferença entre ele e Adorno era que ele, Popper, acreditava que eles viviam no melhor dos mundos, ao contrário de Adorno. Embora dissesse que sempre foi difícil julgar o mal das sociedades, e que ele era igualmente contrário a uma teoria "principista", Adorno admitia que considerava difícil afirmar que não houve época melhor que aquela que produziu Auschwitz. Ver Ibidem, p. 141-2. Posteriormente, Popper fez violentas críticas que poderiam ser resumidas assim: Adorno "não tem nada a dizer, e diz isso em linguagem hegeliana". Karl Popper, "The Frankfurt School", cit., p. 167.

[31] Ibidem, p. 142.

ensaios e fragmentos numa *Dialética do esclarecimento* (1944). O tema definiu o tom da Escola de Frankfurt no período pós-guerra, ou seja, a autodestruição do Iluminismo escrita a partir de um compromisso para "salvar o Iluminismo"[32]. Isso ainda era visto como uma extensão do marxismo, mas a interpretação de Friedrich Pollock do fascismo como um capitalismo de Estado, do qual o stalinismo foi uma variante, tendeu a colocar as categorias econômicas do marxismo clássico em segundo plano, um processo que já era evidente nas alterações que foram feitas na versão não publicada da *Dialética do esclarecimento* (de 1944) para a edição holandesa (de 1947)[33]. O último grande trabalho de Horkheimer, *O eclipse da razão**, de 1947, trata da crítica da razão instrumental. Após a guerra, quando Adorno tornou-se o grande teórico crítico, "*die verwaltete Welt*", cujo timbre trágico é traduzido para o inglês pelo pouco musical "*the administered world*" [o mundo administrado], tornou-se um conceito crítico fundamental. Freud e sua crítica cultural também foram incorporados à teoria crítica do pós-guerra – de forma mais elaborada em *Eros e a civilização* (1955), de Herbert Marcuse**.

Até hoje, o cordão umbilical da crítica marxiana da economia política nunca foi cortado, ainda que haja poucas esperanças de se chegar a um resultado dialético positivo. Essa crítica propiciou a base para a crítica de Marcuse da "ideologia da sociedade industrial"[34]. Isto já estava presente na polêmica entre Adorno e Popper, e eminentemente presente no último trabalho de Adorno: os seminários da primavera de 1968, em que fez uma introdução à sociologia. Aqui, ele critica C. Wright Mills por continuar tão ligado às convenções da sociologia da época que negligenciou a análise dos processos econômicos[35].

O novo campo de Habermas

Mas por volta de 1968 Jürgen Habermas, assistente e *protégé* de Adorno e sucessor de Horkheimer à cadeira de filosofia e sociologia de Frankfurt, já havia

---

32 Max Horkheimer e Theodor Adorno, "Dialektik der Aufklärung" (1944), em Max Horkheimer, *Gesammelte Schriften*, cit., v. 5, p. 597.

33 W. van Reijen e J. Braunsen, "Das Verschwinden der Klassengeschichte in der *Dialektik der Aufklärung*: Ein Kommentar zu den Textvarianten der Buchausgabe von 1947 gegenüber der Erstveröffentlichung von 1944", em Max Horkheimer, *Gesammelte Schriften*, cit., v. 5.

* Max Horkheimer, *O eclipse da razão* (São Paulo, Centauro, 2007). (N. T.)

** Herbert Marcuse, *Eros e a civilização* (7. ed., Rio de Janeiro, Zahar, 1978). (N. T.)

34 Herbert Marcuse, *One-Dimensional Man: Studies in the Ideology of Advanced Industrial Society* (Boston, Beacon, 1964). [Ed. bras.: *A ideologia da sociedade industrial: o homem unidimensional*, Rio de Janeiro, Zahar, 1968.]

35 Theodor Adorno, *Einleitung in die Soziologie* (org. C. Gödde, Frankfurt, Suhrkamp, 1993), p. 237-8. [Ed. bras.: *Introdução à sociologia*, São Paulo, Unesp, 2008.]

posto mãos à obra, assumindo o projeto crítico da economia política marxiana. Esses novos desenvolvimentos foram motivados originalmente por mudanças no próprio capitalismo, que produziram novos papéis para a política, a ciência e a tecnologia. Para os conceitos marxianos de forças e relações de produção – os conceitos-chave da teoria da dialética social de Marx –, Habermas substituiu "trabalho", que envolvia ação instrumental e escolha racional, por "interação simbolicamente mediada" ou "ação comunicativa". Em uma série de seminários e ensaios dos anos 1960, Habermas expôs um novo campo teórico[36], em que posteriormente ergueria suas grandes construções teóricas, sua *Teoria da ação comunicativa* e sua teoria do direito[37]. Habermas abandonou a contradição sistêmica analisada pela teoria marxista, substituindo-a primeiro por uma distinção entre diferentes espécies de ação e interesses de conhecimento e, em seguida, por um conflito entre o sistema social e o "mundo da vida".

Apesar de alguns protestos muito válidos de legitimidade, Habermas não se viu ou não se apresentou, ou então permitiu que outros o apresentassem, como o herdeiro da teoria crítica ou como a continuidade do trabalho da Escola de Frankfurt. Por outro lado, a "teoria social crítica" de tipo mais amplo foi algo que ele continuou a exercer "de maneira absolutamente autocorretiva e autocrítica"[38]. A defesa crítica da modernidade ainda é fundamental para essa prática[39]. Então, histórica ou sociologicamente, acima de qualquer diferença substancial de teoria, há aqui uma afinidade entre Marx e Habermas[40].

Habermas rompeu não apenas com a crítica da economia política, mas com o discurso de seus predecessores. Trocou a "fragmentariedade" ensaística [*Essaïstik*] destes por confrontos críticos com outras formas de pensamento. De fato, o modo como Habermas desenvolve seu trabalho, por meio de longas apresentações e discussões dos trabalhos de terceiros, lembra mais o de Marx

---

36 Jürgen Habermas, *Technik und Wissenschaft als 'Ideologie'* (Frankfurt, Suhrkamp, 1968).

37 Idem, *Theory of Communicative Action*, cit.

38 Idem, "Critical Theory and Frankfurt University", em Peter Dews (org.), *Autonomy and Solidarity* (Londres, Verso, 1992), p. 212.

39 Idem, *The Philosophical Discourse of Modernity* (trad. F. Lawrence, Cambridge, MIT Press, 1985) [ed. bras.: *O discurso filosófico da modernidade*, São Paulo, Martins Fontes, 2002]; e *Die Moderne – ein unvollendetes Projekt* (Leipzig, Reclam, 1992).

40 Um quarto de século atrás, as diferenças de substância pareceram enormes para alguém que, do ponto de vista de um estudante e jovem acadêmico anglo-saxão de origem escandinava, queria estabelecer a legitimidade da teoria marxista onde, antes de 1968, isso era negado institucionalmente. Ainda penso que as distinções feitas então estavam certas a respeito do conteúdo, e até que uma defesa do marxismo na época era uma positiva contribuição ao pensamento social tanto como crítica quanto como ciência. Todavia, o tom cético adotado então agora parece estéril. Ver Göran Therborn, "Jürgen Habermas: A New Eclecticism", *New Left Review*, Londres, Verso, v. 1, n. 67, maio-jun. 1971, p. 69-83.

que o de Adorno. Suas concepções sobre a racionalidade comunicativa e a "livre comunicação de dominação" constituem uma tentativa de fornecer uma fundamentação normativa para sua própria posição crítica, algo com o que Adorno, Horkheimer e Marcuse, formados na tradição clássica do idealismo alemão, nunca se incomodaram[41].

A teoria crítica acolhe, reflete e elabora filosoficamente a crítica da economia política de Marx, situada no contexto dos eventos traumáticos de 1914 a 1989: o massacre da Primeira Guerra Mundial, a revolução abortada no Ocidente e seu nascimento deformado na Rússia, a Depressão e a vitória do fascismo – com sua institucionalização e sua racionalização no *pogrom* do Holocausto –, o surgimento das grandes organizações, a Segunda Guerra Mundial e a unidimensionalidade da Guerra Fria. Com seu tom próprio e muito especial, a teoria crítica expressa um veio de reflexividade radical no caminho da Europa através da modernidade.

Os textos clássicos da teoria crítica foram escritos em fuga, no exílio do maquinário de destruição, em edições obscuras, cada vez mais codificadas. Nos anos 1950 e 1960, foram tirados de circulação não só por visões de mundo concorrentes, mas pelos próprios teóricos críticos[42]. Quando a teoria crítica ressurgiu, foi no contexto das revoltas anticoloniais que então ocupavam a mídia e da ascensão de um corpo estudantil maciço. Esses textos clássicos foram publicados pela primeira vez para um público amplo[43]. A recepção contou com uma ironia especial: o encontro entre a esperança revolucionária da nova geração e a derrota revolucionária da velha, que resistia à esperança. A afinidade era maior com a academia radical dos Estados Unidos, que sempre teve muito menos razões para acolher qualquer esperança prática do que seus camaradas europeus. Quanto a estes, a prática carregava em si mais promessa do que crítica, seja a

---

[41] Ver Jürgen Habermas, "Ideologies and Society in the Postwar World", em *Autonomy and Solidarity*, cit., p. 56.

[42] Habermas, que no fim dos anos 1950 era assistente de Adorno, contou-nos que a *Zeitschrift für Sozialforschung*, a revista do Instituto nos anos 1930, era guardada num cofre trancado no porão do Instituto. Até 1968, Horkheimer não cedeu aos apelos de seu editor, S. Fischer, para publicar na forma de livro os ensaios escritos antes da guerra. Apesar do retorno triunfal à Alemanha como reitor da Universidade Goethe, em Frankfurt, e cidadão honorário da cidade, Horkheimer insistiu e conseguiu manter um passaporte norte-americano e um instituto em Nova York. Ver "Max Horkheimer: Die Frankfurter Schule in New York", em Jürgen Habermas, *Philosophisch-politische Profile* (Frankfurt, Suhrkamp, 1981), p. 415.

[43] Edição em dois volumes de *Kritische Theorie*, de Max Horkheimer, publicados pela Fischer, em 1968, e *Dialektik der Aufklärung* [*Dialética do esclarecimento*], de Theodor Adorno e Max Horkheimer, também publicado pela Fischer, em 1969.

prática da classe trabalhadora e os movimentos de trabalhadores, seja a prática de liderança pelas novas vanguardas em construção.

A relevância da Escola de Frankfurt revivida

Agora, neste segundo *fin de siècle*, Frankfurt estava de volta. As palavras de Adorno são muito mais próximas do clima radical de 2008 do que de 1968: "A filosofia, que antes parecia obsoleta, sobrevive porque o momento para realizá-la foi perdido. O julgamento sumário com que ela havia simplesmente interpretado o mundo [...] torna-se um derrotismo da razão, depois que a tentativa de mudar o mundo foi desperdiçada"[44]. Para as pessoas do século XXI, a crítica crítica da "sagrada família" do início dos anos de 1840 pode parecer mais próxima que a última crítica marxiana da economia política. As preocupações de Bruno Bauer – *The Jewish Question* [A questão judaica], *The Good Thing of Freedom* [A boa questão da liberdade], *State, Religion and Party* [Estado, Religião e Partido] – soam mais familiares que as de Engels e Marx – "revolução, materialismo, socialismo, comunismo"[45].

Seja como for, nesse contexto, a teoria crítica é uma metonímia. A missão editorial original da teoria crítica era algo muito mais amplo do que a teoria crítica em sentido literal, ou seja, "o legado do marxismo". Embora o marxismo do século XX seja infinitamente mais rico e vasto do que o grupo restrito de intelectuais ocidentais que promulgou a teoria crítica, pode-se argumentar que, apesar de todas as suas limitações, a teoria crítica foi a neta de Marx que expressou de maneira mais explícita e persistente um aspecto da quintessência histórica do marxismo – sua reflexão sobre a dialética da modernidade. Os sombrios pensadores marxistas da dialética negativa, que adotaram a recusa individualista, em particular Adorno e Marcuse, apreenderam essa dialética nem mais, nem menos como a dialética positiva de classe sustentada por Karl Kautsky em *The Social Revolution* [A Revolução Social] (1902) e *Caminho do poder* (1909)*. Kautsky representa uma perspectiva, enquanto a *Dialética do esclarecimento*, *Minima moralia*, *Dialética negativa* e *O homem unidimensional* representam outra[46].

---

[44] Theodor Adorno, *Negative Dialectics*, cit., p. 3.

[45] Fredrich Engels e Karl Marx, *Die heilige Familie oder Kritik der kritischen Kritik* (1844), em *Marx-Engels Werke*, cit., v. 2. [Ed. bras.: *A sagrada família*, cit.]

* Karl Kautsky, *Caminho do poder* (São Paulo, Hucitec, 1979). (N. E.)

[46] Theodor Adorno, *Minima Moralia* (trad. E. F. N. Jephcott, Londres, New Left Books, 1974) [ed. bras.: *Mínima moralia*, Rio de Janeiro, Azougue, 2008]; idem, *Negative Dialectics*, cit.; Herbert Marcuse, *One-Dimensional Man*, cit.

A teoria crítica é comumente considerada parte de uma divisão maior do marxismo do século XX, chamada "marxismo ocidental", um termo lançado em meados dos anos 1950 por Maurice Merleau-Ponty, que algumas vezes foi ele próprio incluído nessa divisão[47]. O "marxismo ocidental" foi tratado em geral como um panteão de indivíduos e obras individuais que expressam certo clima intelectual, mais do que uma tradição ou um movimento. O conjunto dos marxistas ocidentais sempre foi disforme, embora se admita em geral que a corrente surgiu após a Revolução de Outubro como reação da Europa Ocidental. Uma reação positiva, mas especial, que começou com *História e consciência de classe*, de György Lukács*, e o *Marxismo e filosofia*, de Karl Korsch**, ambos publicados em 1923, na Alemanha. Lukács era húngaro, foi educado na Alemanha e tornou-se filósofo e estético; Korsch era professor de direito alemão. Ambos eram comunistas proeminentes nas revoluções frustradas da Hungria e da Alemanha, ambos foram criticados como esquerdistas e transviados filosóficos por seus camaradas, e Korsch foi expulso do Partido Comunista Alemão em 1925. Ao criar o rótulo de marxismo ocidental, Merleau-Ponty aproveitou a deixa de Korsch, que se referia de forma irônica a seu próprio criticismo soviético, de Lukács e de dois outros intelectuais húngaros, Jozef Revái e Bela Fogarasi[48]. Merleau-Ponty aplicou-o sobretudo a Lukács, contrastando seu trabalho fortemente influenciado por Max Weber com a tradição comunista ortodoxa, em particular o livro *Materialismo e empiriocriticismo* (1908), de Lenin***. Admite-se em geral que outro membro distinto da primeira geração foi Antonio Gramsci, líder do Partido Comunista Italiano em 1924. A maioria de seus escritos está reunida nos *Cadernos*, em que se encontra também uma vasta gama de análises políticas, culturais e sociais, lúcidas e originais, escritas enquanto esteve encarcerado numa prisão

---

[47] Maurice Merleau-Ponty, *Les aventures de la dialectique* (Paris, Gallimard, 1955), cap. 2 e 3. [Ed. bras.: *As aventuras da dialética*, São Paulo, Martins Fontes, 2006.]

* G. Lukács, *História e consciência de classe* (São Paulo, Martins Fontes, 2003). (N. E.)

** Karl Korsch, *Marxismo e filosofia* (Rio de Janeiro, UFRJ, 2008). (N. E.)

[48] O próprio Korsch não deu muita importância ao rótulo, ao qual se refere apenas indiretamente, com observações irônicas. Ver *Marxisme et philosophie* (1923) (trad. K. Axelos, Paris, Minuit, 1964), p. 40. O principal crítico soviético de Lukács e de "seus discípulos", Abram Deborin, "Lukács und seine Kritik des Marxismus" (1924), em Oskar Negt (org.), *Kontroversen über dialektischen und mechanistischen Materialismus* (Frankfurt, Suhrkamp, 1969), p. 192 e seg., não o utiliza. E aquilo a que Korsch se referiu ironicamente não era o marxismo ocidental, mas os "comunistas 'ocidentais'". Poderíamos acrescentar também que a polêmica soviética com Lukács, Korsch, Revái e outros ocorreu antes do stalinismo. O trabalho principal de Korsch, *Marxism and Philosophy*, apareceu em duas edições na URSS em 1924.

*** Vladimir I. Lenin, *Materialismo e empiriocriticismo* (Lisboa, Avante, 1982). (N. T.)

fascista, de 1926 em diante. Seu artigo mais famoso é talvez aquele que trata da Revolução de Outubro. Apareceu pela primeira vez em 24 de novembro de 1917, com o título de "A revolução contra *O capital*": "A revolução dos bolcheviques fez-se mais de ideologias do que de fatos [...]. É a revolução contra *O capital*, de Karl Marx"[49].

Marxismo ocidental e outros marxismos

Um sociólogo do conhecimento ou um historiador das ideias eclético pode definir o marxismo ocidental como uma corrente de pensamento marxista politicamente autônoma dos países capitalistas avançados, após a Revolução de Outubro. Como tal, é diferente dos marxismos de outras partes do mundo e do marxismo institucionalizado dos partidos ou grupos políticos. No entanto, o marxismo ocidental é uma construção *post hoc* com um significado particular, mesmo em suas versões menos parciais e mais eruditas. Começando pelo último, como definição significativa, podemos tentar situar aqui o fenômeno qualificado de "marxismo ocidental" de forma um pouco diferente, de um ponto de vista mais distante.

As melhores leituras sobre o marxismo ocidental tenderam a trabalhar com listas de indivíduos. Assim, Perry Anderson relaciona, por ordem de idade, György Lukács (nascido em 1885), Karl Korsch, Antonio Gramsci, Walter Benjamin, Max Horkheimer, Galvano Della Volpe, Herbert Marcuse, Henri Lefebvre, Theodor W. Adorno, Jean-Paul Sartre, Lucien Goldmann, Louis Althusser e Lucio Colletti (nascido em 1924)[50]. As fronteiras são, sobretudo, de geração. O marxismo ocidental consiste numa gama de teóricos que se formaram política e teoricamente após a Primeira Guerra Mundial, mas cujas posições se consolidaram após a Segunda. Para Anderson, a "característica secreta" do marxismo ocidental é a derrota, uma característica inteligível apenas em termos de sua periodização especializada, de certo modo. Ele também compara o marxismo ocidental com o trotskismo, do qual designa Ernest Mandel como um expoente teoricamente notável.

Martin Jay considera que o marxismo ocidental foi "criado por um círculo frouxo de teóricos que seguiram a linha de Lukács e outros pais fundadores do período imediatamente posterior à Segunda Guerra Mundial: Antonio Gramsci,

[49] Antonio Gramsci, "La rivoluzione contro il Capitale" (1917), em Giansiro Ferrata e Niccolò Gallo (orgs.), *2000 pagine di Gramsci* (Milão, Il Saggiatore, 1964), v. 1, p. 265. [Ed. bras.: "A revolução contra 'O capital'", em *Escritos políticos*, Rio de Janeiro, Civilização Brasileira, 2004, v. 1.]

[50] Perry Anderson, *Considerações sobre o marxismo ocidental / Nas trilhas do materialismo histórico* (São Paulo, Boitempo, 2004), p. 46.

Karl Korsch, e Ernst Bloch"[51]. Depois de Adorno, Benjamin, Horkheimer e Marcuse, ele inclui Leo Löwenthal (também da Escola de Frankfurt) e Maurice Merleau-Ponty, e diz que:

> eram frequentemente admitidos em suas fileiras: Bertolt Brecht, Wilhelm Reich, Erich Fromm, o Conselho de Comunistas da Holanda (Herman Gorter, Anton Pannekoek e outros), o grupo *Arguments* na França (no fim dos anos 1950, Kostas Axelos, Edgar Morin e outros) e a segunda geração de membros da Escola de Frankfurt, como Jürgen Habermas e Alfred Schmidt. E ainda outros, como Alfred Sohn-Rethel, Leo Kofler, Franz Jakubowski, Claude Lefort e Cornelius Castoriadis.[52]

Ao mesmo tempo que diz que o marxismo ocidental anteriormente significava marxismo hegeliano, Jay aceita a definição mais sociológica de Anderson.

Dessa distribuição de papéis, certamente surgiram questões mais amplas. Merleau-Ponty queria lembrar a seus leitores a "jovialidade da revolução e do marxismo", manifestada nos "vivos e vigorosos ensaios" de Lukács, seu contraste com uma concepção científica do marxismo, sua atenção à "superestrutura" e sua incapacidade de "expressar a inércia das infraestruturas, da resistência do econômico e até das condições naturais, de como as 'relações pessoais' atolaram (*l'enlisement*) 'nas coisas'"[53].

Anderson destaca a virada desses intelectuais do trabalho sobre política, economia e instituição de movimentos de trabalhadores para a academia e a filosofia. Após a Segunda Guerra Mundial, todos os sobreviventes – Gramsci e Benjamin foram, cada um a sua maneira, caçados até a morte pelos regimes fascistas[54] – eram filósofos acadêmicos de alta categoria professoral, com a exceção de Sartre, que abandonou a carreira acadêmica para ser escritor. "O mais notável aspecto do marxismo ocidental como uma tradição comum talvez seja, portanto, a presença e influência constantes de sucessivos tipos de idealismos europeus." O trabalho dos marxistas ocidentais concentrou-se em particular na epistemologia e na estética, mas também fizeram inovações temáticas no discurso marxista, das quais Anderson enfatiza o conceito de hegemonia de Gramsci, a visão frankfurtiana de liberação como reconciliação, mais do que

---

[51] Martin Jay, *Marxism and Totality* (Berkeley, University of California Press, 1984), p. 3.

[52] Os dois últimos, que se tornaram muito influentes na França após 1968, foram personalidades capitais de uma facção do trotskismo, um grupo e uma revista publicada entre 1949 e 1965, chamada *Socialisme ou Barbarie*, da qual saiu posteriormente o teórico do pós-modernismo Jean-François Lyotard.

[53] Maurice Merleau-Ponty, *Les aventures de la dialectique*, cit., p. 80, 88.

[54] A saúde frágil de Gramsci cedeu finalmente em 1937, após cerca de nove anos numa prisão italiana. Benjamin suicidou-se em 1940, quando fugia dos nazistas.

como dominação da natureza, e o recurso a Freud. Em todas essas inovações, há um "pessimismo comum e latente"[55].

O trabalho de Martin Jay utiliza o conceito de totalidade como "bússola" no território do marxismo ocidental. Jay evita defender explicitamente que a totalidade é a única bússola possível para tais propósitos, mas, desde que foi enfatizada por Lukács, ocupou o centro do marxismo ocidental e foi submetida a várias definições, elaborações e aplicações que Jay acompanha com grande desenvoltura.

Relendo o marxismo ocidental retrospectivamente

Seja como for definido, o "marxismo ocidental" é uma *Nachkonstruktion*, uma construção *post hoc*, não um grupo ou corrente reconhecida. Entretanto, uma perspectiva mais distanciada do que as de Merleau-Ponty, Anderson e Jay torna possível um posicionamento histórico diferente do marxismo ocidental, ou seja, uma leitura histórica aberta à falsificação empírica.

Se tomarmos Lukács como figura-chave e *História e consciência de classe* como texto fundamental, o que não parece gerar polêmicas, podemos situar a origem do marxismo ocidental com certa precisão[56]. O texto original foi escrito em 1918, antes de Lukács entrar para o novo Partido Comunista Húngaro. Intitulava-se "Bolchevismo como problema moral". A questão do título é colocada com uma lucidez exemplar:

> se a democracia é considerada uma tática temporária do movimento socialista, uma ferramenta útil a ser empregada [...] ou se a democracia é na verdade parte integrante do socialismo. Se esta última é verdadeira, a democracia não pode ser abandonada sem se considerar as consequências morais e ideológicas.
>
> O bolchevismo oferece uma saída fascinante, no sentido de que não exige compromisso. Mas todos que se rendem a sua fascinação podem não estar totalmente cientes das consequências de suas decisões [...]. É possível realizar o bem por meios condenáveis? A liberdade pode ser obtida por meios repressivos?[57]

Nesse artigo, Lukács deixou as questões abertas, mas seu marxismo ocidental era uma forma indireta de responder de modo afirmativo às duas últimas.

---

[55] Perry Anderson, *Considerações sobre o marxismo ocidental*, cit., p. 76 e 108; os itálicos foram omitidos.

[56] G. Lukács, *History and Class Consciousness* (trad. R. Livingstone, Londres, Merlin Press Ltd, 1971). [Ed. bras.: *História e consciência de classe*, cit.]

[57] Idem, "Bolshevism as a Moral Problem" (1918), (trad. Judith Marcus, *Social Research*, v. 44, n. 3, 1977), p. 419, 423.

Em 1918, Lukács não estava ligado ao "marxismo ocidental" no sentido do livro de 1923 e de sua inclusão posterior – de fato, suas visões eram diametralmente opostas a ele. "No passado", escreveu Lukács em 1918:

> Poucas vezes a filosofia da história de Marx foi suficientemente separada de sua sociologia. Consequentemente, desconsidera-se com frequência o fato de que os dois elementos constitutivos de seu sistema, a luta de classes e o socialismo [...] são estreitamente relacionados, mas de forma alguma o produto do mesmo sistema conceitual. O primeiro é uma descoberta factual da sociologia marxiana [...]. O socialismo, por outro lado, é o postulado utópico da filosofia marxiana da história: é o objetivo ético de uma futura ordem mundial.[58]

Esse é um marxismo filtrado pelo neokantismo, muito presente no círculo de Max Weber em Heidelberg – do qual Lukács fazia parte e que foi enxertado num partido ortodoxo, em parte de esquerda –, o marxismo de Max Adler e toda a vertente do "marxismo austro-húngaro", que se desenvolveu em Viena uma década antes da Primeira Guerra Mundial e do qual faziam parte Otto Bauer, Rudolf Hilferding, Karl Renner e outros.

O nascimento do marxismo ocidental consistiu na conjunção ou, se preferirmos, na transcendência da distinção entre ciência e ética por meio de uma dialética hegeliana de consciência de classe. Seu primeiro esboço foi o primeiro artigo de Lukács após seu retorno à Hungria como comunista, "Tática e ética", apesar de o artigo ter sido escrito antes da breve República Soviética. Aqui, a ação moralmente correta é dependente do conhecimento da "situação filosófica histórica", da consciência de classe. Ele termina com uma nota – posteriormente ampliada, em particular no ensaio *História e consciência de classe* – sobre a reificação e a consciência do proletariado: "Esse chamado à salvação da sociedade é o papel histórico mundial do proletariado e é apenas pela consciência de classe dos proletários que se pode chegar ao conhecimento e ao entendimento desse caminho da humanidade"[59].

O alvo imediato de *Marxismo e filosofia*, de Karl Korsch, o segundo texto canônico do marxismo ocidental, é o austro-marxismo, representado por Rudolf Hilferding e seu *Finance Capital* (1909); ele é atacado aqui em nome de uma dialética hegeliana que rejeita a dissolução em estudo científico e *tomadas de posição* políticas que o austro-marxismo faz da "teoria totalizante da revolução social"[60].

---

[58] Ibidem, p. 420; os itálicos foram omitidos.

[59] Idem, "Taktik und Ethik" (1919) (trad. M. Leszák e P. Ludz, em P. Ludz (org.), *Soziologische Texte* (Neuwied e Berlin, Luchterhand, 1967), p. 19.

[60] Karl Korsch, *Marxisme et philosophie*, cit., p. 92 e seg.

A teoria crítica e a Revolução de Outubro

Podemos tirar algumas conclusões com base nesse breve esboço – uma documentação que poderia e deveria ser amplamente desenvolvida num contexto mais especializado. O marxismo ocidental surgiu como uma recepção intelectual europeia da Revolução de Outubro. Esta foi interpretada como um resumo bem-sucedido do pensamento marxista, contra *O capital* e contra os fatos, segundo Gramsci, e superando problemas morais e científicos, segundo Lukács e Korsch. É claro que saudar a Revolução de Outubro também significava saudar a liderança de Lenin, a quem Lukács prestou homenagem em 1919[61] e de quem Korsch tirou o mote para seu *Marxismo e filosofia*. Relacionar o marxismo ocidental ao "movimento antileninista deste século" é "falsa consciência" de esquerdistas norte-americanos[62].

Por outro lado, a construção, a difusão e a percepção do marxismo ocidental por intelectuais europeus nos anos 1950 e 1960, e por intelectuais norte-americanos pouco tempo depois, sempre implicou uma demarcação oriental. O "Oriente", com o qual o marxismo ocidental era implicitamente comparado, era visto de muitas formas diferentes, mas incluía claramente o cânone do Partido Comunista e as ortodoxias rivais do stalinismo pós-soviético, sino-stalinismo, maoismo e trotskismo organizado. A principal função do marxismo ocidental nos anos 1960 foi abrir o horizonte intelectual e o campo de reflexão, em que questões teóricas e conceituais podiam ser discutidas sem cair em polêmicas partidárias ou lealdades políticas adversárias.

Ainda que seja verdade que o cenário da revolução no oeste da Rússia regrediu após 1923, não acredito que isso seja muito elucidativo para caracterizar o marxismo ocidental como uma teoria marcada pela derrota. Não só isso era obviamente falso em seu momento fundador, como a caracterização de Anderson parece adotar um ângulo muito estrito ou especializado. Todos os membros de sua lista tornaram-se marxistas porque consideravam a Revolução de Outubro um acontecimento histórico decisivo. Dos treze nomes da lista de Anderson, sete eram comunistas – na verdade, militantes por toda a vida, com exceção de Korsch e Colletti. O círculo de Horkheimer, do qual participavam quatro nomes da lista de Anderson, nunca teve ligações políticas concretas, mas era claramente simpático à URSS antes da Segunda Guerra Mundial e nunca deram atenção às sirenes anticomunistas da Guerra Fria. Adorno e Horkheimer debocharam dos regimes comunistas da Europa Oriental, mas sem denunciá-los abertamente, e

---

[61] G. Lukács, "Taktik und Ethik", cit., p. 19.

[62] Stanley Aronowitz, *The Crisis in Historical Materialism: Class, Politics and Culture in Marxist Theory* (Minneapolis, University of Minnesota Press, 1981), p. xiii.

Herbert Marcuse escreveu em 1963 um estudo sóbrio e academicamente crítico sobre o marxismo soviético* que acabou apontando os aspectos racionais e potencialmente críticos da filosofia social da União Soviética. Os dois últimos, Goldmann e Sartre, também se moveram na órbita da Revolução de Outubro – o primeiro foi discípulo fervoroso do jovem Lukács e o segundo gravitou em torno do Partido Comunista Francês a distâncias variadas, mas, no período pós-guerra, sempre no circuito da revolução proletária.

Pela importância que a Revolução de Outubro e a URSS tiveram para as duas gerações clássicas do marxismo ocidental, penso que faz mais sentido traçar uma linha demarcatória após a morte de Henri Lefebvre, em meados de 1991. Embora houvesse um grupo de figuras da "geração de 1968" que poderiam ser convocadas a servir ou juntar-se à continuação de algo que poderiam chamar de marxismo ocidental, nenhuma delas tinha ou poderia ter a mesma relação com a possibilidade de uma revolução da classe trabalhadora ou qualquer mistura remotamente similar de fé e desilusão. Exemplo disso é o modo como Habermas, ex-assistente de Adorno, rompeu com a "ortodoxia tácita" da Escola para explorar novos terrenos.

A virada filosófica

Esta exposição não abordou a questão de se todos ou a maioria dos marxistas ocidentais são filósofos e, em caso positivo, por que motivo. Aqui, as listas de Anderson, Jay, Merleau-Ponty e outros são, quando muito, tão confiáveis quanto o veredicto de um comitê de nomeação acadêmico, que, como todo acadêmico sabe, é um grande louvor. Pode ser que as razões de Anderson sejam redundantes. Todos os nomes selecionados por ele são filósofos, com exceção talvez de Benjamin e Gramsci, mas como podemos saber se, além dos filósofos, outros tiveram uma oportunidade justa de entrar para a lista? A relação de Jay também é dominada por filósofos[63]. A ausência de cientistas sociais e historiadores é quase total. Até agora, dada a construção *post hoc* do "marxismo ocidental", o que pudemos ver, eu diria, é a interação de dois fatores: o clima intelectual da Europa no período em que Revolução de Outubro foi recebida e a imagem posterior do "marxismo ocidental" na Europa Ocidental e na América do Norte. Em outras palavras, os filósofos predominaram em 1917 e os marxistas que vieram depois disso quiseram ouvir os filósofos.

---

* Herbert Marcuse, *O marxismo soviético* (Rio de Janeiro, Saga, 1969). (N. T.)

[63] Sohn-Rethel poderia ser chamado de historiador econômico, já Brecht era dramaturgo, Reich e Fromm eram psicanalistas, acima de tudo, e, entre o Conselho Comunista Holandês, Gorter era poeta e Pannekoek, astrônomo.

Em primeiro lugar, devemos lembrar que alguns caminhos e carreiras intelectuais estavam fechados para os que se identificaram desde o início com a Revolução de Outubro. A ciência social empírica estava pouco estabelecida na Europa – se é que estava. A sociologia permanecia espremida entre "a política das revoluções burguesas e a economia da revolução proletária" e tinha uma existência institucional precária[64]. Com frequência, os departamentos de economia eram hostis à crítica da economia. A ciência política estava apenas começando a se mover na direção dos estudos sociais da política. As faculdades de direito abrangiam muito do que se ramificou em seguida em disciplinas sociais, mas ainda eram dominadas pela venerável tradição. A historiografia ainda era majoritariamente hostil a qualquer intrusão científico-social.

Aparentemente, no coração da Europa a filosofia era a disciplina acadêmica mais aberta às pessoas que haviam comemorado o despontar de Outubro de 1917. A filosofia era relativamente distante dos poderes e dos interesses do momento; além disso, era claramente não pragmática e acolhia várias escolas. Era o meio em que se discutiam as questões mais gerais e importantes da humanidade – a vida, a história, o conhecimento, a moral. Mas, assim como os filósofos do século em geral, com o passar do tempo os filósofos marxistas tenderam a se mover em direção à sociologia, embora normalmente não abandonassem suas origens acadêmicas. Após a Segunda Guerra Mundial, a virada sociológica é clara em Adorno, Horkheimer, Marcuse, Henri Lefebvre – e seu ex-camarada Georges Friedmann – e Sartre[65].

Mas é óbvio que, de qualquer modo que seja definido, o marxismo ocidental é apenas uma corrente do marxismo do século XX. Mais do que isso, qualquer perspectiva crítica posterior deve levar em conta o fato de que o marxismo não é um universo fechado de suas próprias teorias, práticas e polêmicas. O marxismo e sua teoria crítica são parte de uma história intelectual e sociopolítica em que existem alternativas, concorrentes e oponentes. Dentro dessa história, o lugar mais apropriado para a teoria crítica, em sentido estrito ou específico, pode ser averiguado.

---

[64] Göran Therborn, *Science, Class and Society* (Londres, New Left Books, 1976).

[65] Adorno e o Instituto de Frankfurt foram na direção da psicologia social e da sociologia industrial e de grupo; Henri Lefebvre embarcou numa sociologia filosófica da "vida cotidiana" (*Critique de la vie quotidienne*, Paris, Grasset, 1948-61, 2 v.). Friedmann – quem diria – foi o fundador da sociologia industrial francesa. Sartre estava preocupado em demonstrar o valor do método dialético para as "ciências do homem", em que havia um diálogo crítico corrente com a sociologia da época, como ele a via (*Critique de la raison dialectique*, Paris, Editions Gallimard, 1960, p. 153 [ed. bras.: *Crítica da razão dialética*, Rio de Janeiro, DP&A, 2002]). Maurice Godelier trocou a filosofia pela antropologia. Em 1964, o Instituto Gramsci na Itália organizou um importante simpósio sobre marxismo e sociologia.

O marxismo e as rotas através da modernidade

O marxismo não é apenas um corpo teórico antigo. Como perspectiva cognitiva distintiva a respeito do mundo moderno, é superado em importância social – em termos de números de adeptos – apenas pelas grandes religiões. Como polo moderno de identidade, é superado apenas pelo nacionalismo[66]. O marxismo ganhou essa importância histórica muito especial porque dos anos 1880 até os anos 1970[67] foi a principal cultura intelectual dos dois maiores movimentos sociais da dialética da modernidade: o movimento trabalhista e o movimento anticolonial. Em nenhum desses casos, o marxismo deixou de ter concorrentes importantes ou sua difusão foi universal, uniforme e vitoriosa, porém nenhum de seus competidores tinha alcance e persistência comparáveis.

O marxismo também foi importante para o feminismo, dos tempos de Clara Zetkin e Alexandra Kollontai aos de Simone Beauvoir e, mais tarde, Juliet Mitchell, Frigga Haug e Michèle Barrett. Mas apesar de sua postura pró-feminista única entre movimentos dominados por homens, os partidos e as correntes marxistas eram regularmente superados pelos movimentos religiosos e conservadores, quando se tratava de atrair o apoio das mulheres.

O marxismo nasceu na Europa e sua concepção dialética da história correspondia melhor ao caminho europeu para e através da modernidade, o caminho da mudança endógena por meio de conflitos internos entre forças a favor e contra a modernidade, seja de que modo fosse concebida. Dentro da modernidade europeia, o marxismo venceu onde as forças que competiam pela militância da classe trabalhadora eram fracas e haviam perdido a credibilidade. À sua direita havia o liberalismo ou, nos países latinos, o radicalismo. Na Grã-Bretanha, o primeiro era forte e vigoroso; na França e, de certo modo, na Península Ibérica, o último. Ainda à sua direita havia a democracia cristã, mas esta surgiu após o marxismo e tornou-se importante apenas nos países onde havia uma Igreja forte e independente da burocracia estatal, ou seja, a Igreja Católica nos Países Baixos, na Renânia, no sul da Alemanha e na Itália, e as igrejas calvinistas militantes (*Gereformeerde*) da Holanda. À esquerda do marxismo havia o anarquismo, o anarcossindicalismo e o populismo russo. Os anarquistas logo foram marginalizados, exceto na Andaluzia; os anarcossindicalistas foram amplamente derrotados na Itália e na França, mas resistiram na

[66] Ainda não há um estudo à altura desse grande tema. O melhor que há – e excelente em muitas de suas contribuições, em particular por seu editor principal – é Eric Hobsbawm et al. (orgs.), *Storia del marxismo* (Turim, Einaudi, 1978-82, 4 v.). [Ed. bras.: *História do marxismo*, São Paulo, Paz e Terra, 1983-91, 11 v.]

[67] No que se refere ao movimento trabalhista, na maioria dos países capitalistas desenvolvidos o *terminus ad quem* são os anos 1960.

Espanha, sobretudo; os populistas sofreram grandes derrotas na Rússia no fim do século XIX. Os baluartes marxistas eram as Europas Central – de norte a sul, da Escandinávia ao centro da Itália – e Oriental, onde estava se formando uma classe trabalhadora sem nenhuma experiência ideológica moderna anterior. Na Rússia autocrática, onde havia pouca liberdade intelectual para expressar ideias modernas, o marxismo tornou-se, após a derrota do populismo, a principal linguagem da *intelligentsia*. A social-democracia alemã era o centro de gravidade incontestável do marxismo europeu e mundial antes de 1914. O alemão era a primeira língua do marxismo, seja diretamente, seja como fonte de tradução, mesmo em países cuja orientação cultural era predominantemente russa, como a Sérvia ou Bulgária, ou francesa, como a Romênia. O jornal mais importante era *Die Neue Zeit* (Novos tempos), de Karl Kautsky.

A Primeira Guerra Mundial e seu fim tiveram um impacto forte, mas complexo, no marxismo europeu. A Revolução de Outubro atraiu um grupo significativo de trabalhadores e intelectuais para o marxismo, e os novos partidos comunistas iniciaram um programa vigoroso de publicação e difusão da obra de Marx e Engels. Na Alemanha, houve certa abertura acadêmica, sobretudo na Prússia, então sob um governo social-democrata, a que Frankfurt pertencia. Na Europa Central e do Norte, porém, o marxismo dos partidos social-democratas recuou e submeteu-se ao reformismo pragmático, salvo na Áustria – até a invasão fascista, em 1934 – e na Noruega, onde um marxismo mais ativo, liderado por historiadores e políticos brilhantes, floresceu no interior e ao redor de um partido trabalhista radical.

Na França e na Grã-Bretanha, os novos marxistas custaram a amadurecer, ajudados pela vigorosa tradição não marxista do trabalhismo e dos movimentos progressistas e pela instabilidade sectária dos novos partidos comunistas. Na Itália, o fascismo levou os marxistas à prisão, ao exílio ou ao silêncio.

Na Rússia bolchevique, o marxismo floresceu com o apoio generoso da academia. Mas, no início dos anos 1930, a ortodoxia stalinista terrorista provocou uma longa asfixia do pensamento criativo. Muito antes disso, o caráter autoritário original da Revolução havia limitado o debate intelectual, por exemplo, levando Georges Gurvitch e Pitirim Sorokin a deixarem a Rússia e a se tornarem sociólogos (não marxistas) eminentes, respectivamente, em Paris e em Cambridge (Massachusetts).

Quanto ao resto da Europa Oriental, as perspectivas do marxismo eram obscuras. A maioria dos Estados que sucederam aos impérios derrotados era ou logo se tornou autoritária, com pouca tolerância a qualquer forma de marxismo ou pensamento radical; a única exceção foi a Tchecoslováquia, que, apesar de sitiada e desafiada por movimentos nacionalistas, continuou a ser uma democracia de centro-esquerda, com uma forte vanguarda intelectual de esquerda, mais estética do que teórica. De qualquer modo, um nacionalismo penetrante marginalizou o marxismo entre os estudantes e os intelectuais.

O marxismo europeu após a Segunda Guerra Mundial

A Segunda Guerra Mundial e seus desdobramentos imediatos mudaram o cenário intelectual europeu. Os novos regimes comunistas abriram a Europa Oriental para a institucionalização do marxismo, mas sob regimes políticos que não o desenvolveram nem como teoria crítica nem como ciência. Apesar disso, um marxismo filosófico criativo e abstrato conseguiu desenvolver-se da Iugoslávia à Polônia, onde, após o fim do stalinismo, também pôde ligar-se à sociologia e à análise de classe de Julian Hochfeld, Stefan Ossowski e outros. Na Alemanha Oriental, o historiador econômico Jürgen Kuczynski realizou um trabalho monumental de história e estatística social em quarenta volumes, *History of the Working Class under Capitalism* [História da classe trabalhadora sob o capitalismo]. Mas, após 1968, grande parte do marxismo criativo da Europa Oriental foi silenciado, exilado ou abandonado[68].

Na Europa Central e do Norte, no rescaldo da Segunda Guerra Mundial, houve uma virada intelectual na direção dos Estados Unidos. Nessa época, a ciência social empírica desenvolvida nos Estados Unidos, em especial a sociologia, a ciência política e a psicologia social, foi recebida e adotada na Europa com o auxílio de generosas bolsas de estudos concedidas pelos norte-americanos[69]. O que foi aceito mais facilmente foram as variantes mais empiristas e conservadoras das ciências sociais. O marxismo foi abandonado às margens da política de extrema-esquerda. Na França e na Itália, em contraste, o marxismo colheu os frutos da resistência e tirou proveito da maior resiliência da alta cultura latina à americanização. A filosofia permaneceu em seu trono intelectual; entre os intelectuais franceses e italianos, o marxismo, ou o diálogo com o marxismo, tornou-se o modo dominante do discurso. Eles tiveram o apoio dos grandes partidos comunistas, e o marxismo tornou-se também a linguagem teórica dos partidos socialistas. Em 1949, os escritos de Antonio Gramsci foram publicados, somando um corpo original de pensamento à tradição marxista, embora durante muito tempo apenas na Itália. Assim, a cultura e os intelectuais ocuparam o centro das análises políticas e de poder de classe. O marxismo orientou

---

[68] Houve exceções, como o trabalho penetrante do historiador tcheco Miroslav Hroch sobre a trajetória dos movimentos nacionais.

[69] Adorno, recém-chegado dos Estados Unidos, também jogava a carta empírica nessa época e considera-se que foi ele que introduziu a pesquisa de opinião na Alemanha Oriental. Ver Rolf Wiggershaus, *Die Frankfurter Schule* (Munique, Auflage, 1986), p. 501 e seg.

a historiografia francesa no estudo da Revolução, academicamente consagrada pelas passagens sucessivas de Georges Lefebvre e Albert Soboul pela cadeira de História da Revolução Francesa, na Sorbonne. Também foi importante para a grande escola de historiadores dos *Annales*[70].

Por fim, a Grã-Bretanha teve uma tradição empírica própria, portanto não foi tragada para a cena intelectual dos Estados Unidos após a guerra. Uma corrente marxista significativa surgiu pouco a pouco da política estudantil comunista entre os anos 1930 e 1940, precedida por uma coorte de distintos cientistas naturais, historiadores da ciência e antigos historiadores[71]. A corrente britânica foi a mais importante do marxismo empírico na Europa após a Primeira Guerra Mundial. Depois de 1945, seu núcleo foi o Grupo de Historiadores do Partido Comunista, que se dissolveu em 1956. Antes disto, o grupo lançou com êxito o jornal acadêmico *Past and Present*, que ainda hoje faz sucesso. Faziam parte dos historiadores marxistas do pós-guerra Christopher Hill, Eric Hobsbawm e Edward Thompson, e nesse ambiente moviam-se Raymond Williams, Maurice Dobb e George Thomson. Embora Isaac Deutscher tivesse uma política e uma formação diferentes, como historiador e biógrafo de Trotsky e Stalin ele se encaixa bem nesse quadro do marxismo britânico[72].

Ainda que amplamente influenciada por ela, a teoria social não tem sincronia com a história política e social. O fim dos anos 1950 e a primeira metade dos anos 1960 viram o marxismo político recuar na Europa Ocidental. Entre 1958 e 1960, os partidos social-democratas austríaco, alemão ocidental e sueco eliminaram qualquer traço marxista de seus programas. O socialismo francês perdeu o crédito na Guerra da Argélia e, com ele, seu marxismo oficial. Os partidos comunistas estavam velhos e isolados. O desenvolvimento inesperado do pós-guerra não apenas se manteve, como se acelerou. Contudo, alguns dos trabalhos mais influentes do marxismo europeu-ocidental surgiram nesse período: *A favor de Marx* e *Ler O capital* (1965), de Louis Althusser*, a trilogia sobre Trotsky (1954-63), de Isaac Deutscher**, *Crítica*

[70] Um dos melhores exemplos da profunda afinidade com o marxismo é o último trabalho de Fernand Braudel, *Civilisation matérielle, économie et capitalisme: XVe–XVIIIe siècles* (Paris, Armand Colin, 1979, 3 v.). [Ed. bras.: *Civilização material, economia e capitalismo – séculos XV e XVIII*, São Paulo, Martins Fontes, 2005, 3 v.]

[71] J. D. Bernal, Gordon Childe, J. B. S. Haldane, Joseph Needham e outros, inspirados de modo crucial pela visita de Boris Hessen e de uma delegação de historiadores da ciência da União Soviética, em 1931.

[72] Ver Raphael Samuel, "British Marxist Historians, 1880–1980: Part One", *New Left Review*, Londres, Verso, v. 1, n. 120, mar-abr. 1980, p. 21-96.

* Louis Althusser, *A favor de Marx* (Rio de Janeiro, Zahar, 1979); *Ler O capital* (Rio de Janeiro, Zahar, 1980). (N. T.)

** Isaac Deutscher, *Trotski: o profeta armado (1897-1921)*; *Trostki: o profeta desarmado (1921-23)*; *Trotski: o profeta banido (1929-1940)* (São Paulo, Civilização Brasileira, 2005 e 2006). (N. T.)

da razão dialética (1960), de Jean-Paul Sartre, e *A formação da classe operária inglesa** (1963), de Edward Thompson[73]. A *New Left Review*, que se tornaria a revista marxista mais influente intelectualmente, foi fundada em 1960, em Londres[74].

O BREVE RESSURGIMENTO

Então a situação política mudou drasticamente com a revolta estudantil – resultado da mistura entre as novas universidades de massa e a Guerra do Vietnã, e inspirada na "Revolução Cultural" chinesa. Nessa mesma época, a retração do mercado de trabalho abriu caminho para o ressurgimento do conflito de classes. O objeto da sociologia, que estava em rápida expansão, forneceu o principal campo de batalha acadêmico. O marxismo tornou-se a língua política e a perspectiva teórica para uma geração de radicais que encontrou nele a melhor maneira de entender o fenômeno das guerras coloniais e o subdesenvolvimento, bem como o funcionamento socioeconômico interno da democracia ocidental. Esse neomarxismo provocou uma onda muito maior que o "marxismo ocidental" original, mas não foi fácil produzir algo tão espetacular.

Um dos motivos foi que a política e a teoria haviam se tornado muito diferentes. Mesmo os escritos políticos mais brilhantes e reflexivos desse período foram, em grande parte, empíricos. Os trabalhos teóricos e escolásticos, mesmo os de autores ativos politicamente, eram muito acadêmicos. Entre os primeiros, os melhores são indiscutivelmente os ensaios de Régis Debray sobre os esforços revolucionários na América Latina[75]. Selecionar os trabalhos

---

* Edward Thompson, *A formação da classe operária inglesa* (São Paulo, Paz e Terra, 2002, 3 v.). (N. T.)

[73] Edições em língua inglesa dos livros de Althusser apareceram em 1969 (*For Marx*) e em 1970 (*Reading 'Capital'*), e de Sartre, em 1976 (*Critique*).

[74] A revista marxista mais importante da Itália, *Critica marxista*, editada pelo Partido Comunista, começou a ser publicada em 1962. Na Alemanha Ocidental, *Neue Kritik*, *Das Argument*, *Prokla* e outras vieram todas do movimento estudantil. Na França, os levantes de 1968 não mudaram o horizonte das revistas sérias e bem estabelecidas, que, aliás, não difundiam uma teoria marxista criativa. *Les Temps Modernes*, fundada por Sartre logo após a Segunda Guerra Mundial, foi uma revista intelectualmente dominante, mas com moldes ensaísticos-literários. Assim foi com a revista da esquerda católica, *Esprit*. *La Pensée* era mantida sob rígido controle do Partido Comunista. *L'Homme et la Société*, com raízes no comunismo dissidente de 1956, foi talvez a revista mais aberta ao novo pensamento marxista.

[75] Régis Debray, *Révolution dans la révolution?* (Paris, Maspéro, 1967) [ed. bras.: *A Revolução na Revolução*, São Paulo, Centro Ed. Latino Americano, 1967], e *La critique des armes* (Paris, Seuil, 1974, 2 v.) [ed. port.: *A crítica das armas*, Lisboa, Seara Nova, 1977].

teóricos e acadêmicos mais impressionantes da corrente neomarxista na Europa é muito mais difícil e controverso. Mas as obras históricas monumentais de Perry Anderson, *Passagens da Antiguidade ao feudalismo* e *Linhagens do Estado absolutista* (ambos de 1974)*, de G. A. Cohen, *Karl Marx's Theory of History* [A teoria da história de Karl Marx] (1978)**, e de Nicos Poulantzas, *Poder político e classes sociais* (1968)***, entrariam na maioria das lista de base. Eles ilustram muito bem meu argumento.

O neomarxismo conseguiu incluir Marx no cânone clássico da sociologia e transformou as perspectivas marxistas ou *marxizantes* em visões legítimas – embora minoritárias – na maioria dos departamentos de ciências sociais e humanidades. O marxismo entrou na antropologia primeiro pelos trabalhos dos antropólogos franceses Maurice Godelier, Claude Meillassoux, Emmanuel Terray e outros. E por associação com o trabalho neorricardiano de Piero Sraffa, amigo de Gramsci, os economistas fizeram o primeiro desafio teórico sério ao marginalismo triunfante, pondo Cambridge, na Inglaterra – do lado de Ricardo e Marx –, contra Cambridge, em Massachusetts[76]. Mas quando o impulso político radical começou a perder força na segunda metade dos anos 1970, o marxismo político desapareceu rapidamente. O marxismo acadêmico também recuou de forma significativa, em alguns casos, substituído por "ismos" teoricamente mais novos e, em outros, submerso em práticas disciplinares ecumênicas. Manteve-se melhor na sociologia e na historiografia.

O marxismo dos novos mundos

Nos Novos Mundos, criados pela conquista da primeira modernidade e pela imigração em massa, a disputa teórica e prática pela modernidade foi em grande medida forânea, contra a Europa colonial e a favor dos colonizados contrários aos colonizadores. Nem o conflito interno das forças históricas nem a formação

---

* Perry Anderson, *Passagens da Antiguidade ao feudalismo* (São Paulo, Brasiliense, 2007); e *Linhagens do Estado absolutista* (3. ed., São Paulo, Brasiliense, 2004). (N. T.)

** Edição expandida, Princeton, Princeton University Press, 2000. (N. T.)

*** Nicos Poulantzas, *Poder político e classes sociais* (2. ed., São Paulo, Martins Fontes, 1986). (N. T.)

76 Maurice Godelier, *Horizon, trajets marxistes en anthropologie* (Paris, F. Maspero, 1973) [ed. port.: *Horizontes da antropologia*, Lisboa, Edições 70, 1973]; Piero Sraffa, *Production of Commodities by Means of Commodities* (Cambridge, Cambridge University Press, 1960) [ed. bras.: *Produção de mercadorias por meio de mercadorias*, São Paulo, Nova Cultural, 1997]; Geoffrey Harcourt e Neil Laing (orgs.), *Capital and Growth* (Harmondsworth, Penguin, 1971) [ed. bras.: *Capital e crescimento econômico*, Rio de Janeiro, Interciência, 1978].

de classe das forças em ação foram tão importantes como na Europa[77]. Toda a questão da dialética da modernidade, em particular a dialética de classe, foi menos significativa nas Américas do que na Oceania. Era de se esperar então que o marxismo tivesse desempenhado um papel muito mais modesto na história moderna dos Novos Mundos.

Os partidos marxistas com alguma importância social foram exceções raras e tardias, só após a Segunda Guerra Mundial. Os mais importantes surgiram na Guiana, no Chile e, talvez, em Cuba. Na virada do século, a editora de Charles H. Kerr, de Chicago, tornou-se o principal centro intercontinental para a difusão do marxismo em inglês, lançando, entre outras obras, as primeiras traduções para o inglês do segundo e terceiro volumes de *O capital*. Os imigrantes espalharam o marxismo na América Latina, onde a Argentina, por exemplo, teve uma tradução de *O capital* muito antes da Suécia e da Noruega. Apesar disso, o marxismo não criou raízes.

Também faltavam contribuições individuais criativas. Os livros *Toward the Understanding of Karl Marx* [Rumo ao entendimento de Karl Marx] (1933), de Sidney Hook, e *A teoria do desenvolvimento capitalista* (1942), de Paul Sweezy*, foram exceções incontestáveis e reconhecidas, mas o único trabalho original do marxismo no Novo Mundo, na primeira metade do século ou mais, foi provavelmente *Sete ensaios de interpretação da realidade peruana* (1928), de José Carlos Mariátegui**, uma combinação notável de pensamento radical europeu – o que inclui Pareto e Sorel – com vanguardismo marxista-leninista e cultural latino-americano, aplicado a questões que vão da economia à literatura[78].

Entretanto, após a Segunda Guerra Mundial, a academia marxista também sofreu uma virada para o Ocidente, similar à da ciência e da pesquisa em geral, embora no primeiro caso tenha levado mais tempo para amadurecer. Marcuse

---

[77] Ver Göran Therborn, "The Right to Vote and the Four World Routes to/through Modernity", em Rolf Torstendahl (org.), *State Theory and State History* (Londres, Sage, 1992), p. 62-92; "Routes to/through Modernity", em Mike Featherstone, Scott Lash e Roland Robertson (orgs.), *Global Modernities* (Londres, Sage, 1995), p. 124-39.

* Paul Sweezy, *A teoria do desenvolvimento capitalista* (São Paulo, Nova Cultural, 1983). (N. T.)

** José Carlos Mariátegui, *Sete ensaios de interpretação da realidade peruana* (São Paulo, Clacso/Expressão Popular, 2008). (N. T.)

[78] Mariátegui (1895-1930) foi o fundador do comunismo peruano; era uma figura que possuía muitas semelhanças com Gramsci e foi inspirada, em parte, pelo mesmo ambiente intelectual de uma visita à Itália e à Europa entre 1919 e 1923. Foi com referência a seu "Sendero Luminoso" que Abimael Guzmán batizou seu conhecido movimento guerrilheiro. Ver Marc Becker, *Mariátegui and Latin American Marxist Theory* (Athens/Ohio, Ohio University Press, 1993).

não recebeu uma oferta muito atraente para voltar para a Alemanha, então permaneceu nos Estados Unidos; à parte seus últimos trabalhos, o marxismo norte-americano ganhou pouco com os refugiados antifascistas. Paul Sweezy fundou a *Monthly Review* (MR) e a *Monthly Review Press*, que se tornaram a mais importante plataforma internacional para críticas sérias à economia política. A nova teoria marxista do subdesenvolvimento do capitalismo concentrou-se na MR, nos trabalhos de Paul Baran (1957) e André Gunder Frank (1967), e defendia que o subdesenvolvimento não era falta de desenvolvimento, mas antes alguma coisa que havia se desenvolvido do capitalismo global, como um polo constituinte[79]. Em meados dos anos 1960, surgiu na América Latina um trabalho de orientação mais sociológica sobre o subdesenvolvimento – sobretudo o do brasileiro Fernando Henrique Cardoso[80] –, denominado com frequência "escola da dependência" por defender que o subdesenvolvimento latino-americano depende de suas relações com as metrópoles do capitalismo.

No geral, as reviravoltas do fim dos anos 1960 no cenário acadêmico da América do Norte parecem ter sido mais intelectualmente produtivas e inovadoras do que os eventos paralelos na Europa ou em outros lugares. Houve contribuições altamente criativas e inesperadas de vários marxistas norte-americanos, dos quais os dois mais bem-sucedidos eram rivais. O primeiro é o trabalho historiográfico de Robert Brenner sobre a relevância da luta de classes para o surgimento da modernidade. A perspectiva histórico-materialista explícita e ortodoxa de Brenner foi afirmada e defendida numa série de confrontos com outros historiadores especialistas a respeito da importância do conflito de classes para a emergência da Europa industrial capitalista; esses confrontos foram reunidos sob o título de *The Brenner Debate* [O debate Brenner][81]. Mais recentemente, Brenner fez outra grande contribuição para um tema fundamental do debate historiográfico, dessa vez defendendo uma leitura diferente para o caráter de classe da Guerra Civil Inglesa[82].

O segundo é Immanuel Wallerstein, cujos trabalhos de síntese escolástica sociologicamente orientados podem ser mais controversos do que os de Brenner, mas cuja perspicácia e conquistas acadêmicas empreendedorísticas só tiveram

---

79 Paul Baran, *The Political Economy of Growth* (Nova York, Monthly Review Press, 1957) [ed. bras.: *A economia política do desenvolvimento*, Rio de Janeiro, Zahar, 1964]; André Gunder Frank, *Capitalism and Underdevelopment in Latin America* (Nova York, Monthly Review Press, 1967).

80 Fernando Henrique Cardoso e Enzo Faletto, *Dependência e desenvolvimento na América Latina* (Rio de Janeiro, Zahar, 1970).

81 T. H. Aston e C. H. E. Philpin (orgs.), *The Brenner Debate* (Cambridge, Cambridge University Press, 1985).

82 Robert Brenner, *Merchants and Revolution* (Princeton, Princeton University Press, 1993).

um paralelo – Max Horkheimer[83]. Em 1976, Wallerstein lançou seu projeto de "análise dos sistemas mundiais" – o exame da mais ampla totalidade social concebível –, ao redor do qual ele criou um instituto de pesquisas, uma corrente dentro da Associação Sociológica dos Estados Unidos e uma rede global de colaboradores. A dialética do sistema mundial de Wallerstein foi direcionada explicitamente contra a então disseminada teoria evolucionista da "modernização" de sociedades separadas.

Essa extraordinária criatividade no marxismo norte-americano também inclui análises muito penetrantes a respeito do processo de trabalho, mais uma vez em conflito umas com as outras (Braverman e Burawoy); ambiciosas análises de classe (Przeworski e Sprague, e Wright); e além do trabalho de Raymond Williams, pesquisas culturais inovadoras (Jameson e muitos outros, omitidos aqui de forma injusta, mas necessária)[84]. A teoria crítica foi então mais bem recebida pela academia de esquerda na América do Norte. No entanto, o que melhor se produziu foi menos teoria crítica do que sobre ela[85]. Nesse sentido, os trabalhos de Martin Jay são exemplares[86].

A modernidade na zona colonial foi particularmente traumática, por sua base na relação do conquistado com a conquista e com o conquistador. Talvez ninguém tenha captado melhor esse trauma violento do que Frantz Fanon, cujo *Os condenados da Terra* apareceu pela primeira vez em 1961, com prefácio de Sartre*. Foi o Komintern que tornou possível e propagou – pelo Congresso dos Povos Oprimidos em Baku, em novembro de 1920, pela criação da Liga

[83] Immanuel Wallerstein, *The Modern World System* (Nova York, Academic Press, 1976, 3 v.). [Ed. port.: *O sistema mundial moderno*, Porto, Afrontamento, 1974, 3 v.]

[84] Harry Braverman, *Labor and Monopoly Capital: The Degradation of Work in the Twentieth Century* (Nova York, Monthly Review Press, 1974) [ed. bras.: *Trabalho e capital monopolista: a degradação do trabalho no século XX*, Rio de Janeiro, Zahar, 1981]; Michael Burawoy, *Manufacturing Consent* (Chicago, University of Chicago Press, 1979) e *The Politics of Production* (Londres, Verso, 1985); Adam Przeworski e John Sprague, *Paper Stones. A History of Electoral Socialism* (Chicago, University of Chicago Press, 1986); Erik O. Wright, *Classes* (Londres, Verso, 1985); Fredric Jameson, *Postmodernism, or, The Cultural Logic of Late Capitalism* (Durhum, Duke University Press, 1991) [ed. bras.: *Pós-modernismo: a lógica cultural do capitalismo tardio*, 2. ed., São Paulo, Ática, 2007].

[85] As teorias sociais críticas mais criativas dos Estados Unidos surgiram fora da tradição marxista, como Amitai Etzioni (*The Active Society*, Nova York, Collier-Macmillan, 1968 e *The Moral Dimension*, Nova York, Free Press, 1988) e Roberto Unger (*Politics: A Work in Constructive Social Theory*, Cambridge, Cambridge University Press, 1987, 3 v.).

[86] Martin Jay, *The Dialectical Imagination* (Boston, Little, Brown, 1973) [ed. bras.: *A imaginação dialética*, Rio de Janeiro, Contraponto, 2008], e *Marxism and Totality*, cit.; ver também Stephen Eric Bronner, *Of Critical Theory and Its Theorists* (Cambridge, Blackwell Publishers, 1994).

* Frantz Fanon, *Os condenados da Terra* (Juiz de Fora, UFJF, 2006). (N. T.)

Anti-Imperialista, pela incitação global de partidos comunistas anticolonialistas – uma interpretação marxista do colonialismo e uma identificação anticolonialista com o marxismo. Mas o resultado foi que os nacionalistas passaram claramente a empregar mais o vocabulário marxista do que os próprios comunistas[87]. O marxismo tornou-se a língua dos movimentos anticoloniais e dos poderes pós-coloniais, em especial na África, da Frente de Libertação Nacional da Argélia (FLN) à União Nacional Africana do Zimbábue (Zanu). Mas isso foi também muito importante no subcontinente indiano – sobretudo na Índia secularizada – e na Indonésia, estimulado desde o início por um grupo extraordinário de holandeses esquerdistas, liderados por Henricus Sneevliet.

O Vietnã e a Indochina sob controle dos franceses transformaram em geral o marxismo, a cultura e a educação política comunista numa variedade de formas originais, desde a filosofia fenomenológica até o comunismo nacional literalmente avuncular de Ho Chi Minh (Tio Ho) e, além deles, os sinistros delírios de Pol Pot. A virada *maoisante* da *intelligentsia* francesa de esquerda no fim dos anos 1960 derrubou a maioria das pontes que ainda restavam entre os mandarins de Paris e Hanói.

A Coreia passou pela experiência única de ser uma colônia não ocidental (japonesa) desde 1910. Aqui, mais uma vez, o marxismo ocidental tornou-se o idioma do movimento anticolonial que, com ajuda da União Soviética, estabeleceu uma república popular no Norte, onde o marxismo foi incorporado a um culto peculiar ao líder. As duras lutas de classe e os conflitos pela democracia no Sul capitalista – que estava em crescimento – contribuíram recentemente para criar correntes do marxismo nas ciências sociais e nos estudos literários, com frequência inspiradas na academia norte-americana.

A cultura negra africana, muito distante da dialética marxiana da modernidade, não foi capaz (ainda) de manter qualquer *intelligentsia* marxista significativa. Em geral, os intelectuais marxistas mais importantes da África não eram negros, como Samir Amin, economista egípcio de renome mundial, residente em Dacar[88]; Mahmood Mamdani e Issa Shivji, ambos africanos orientais e descendentes de indianos, analistas de classe em política e direito; e os líderes do Partido Comunista Sul-africano – que teve grande influência sobre o Congresso Nacional Africano – que eram majoritariamente brancos. A academia branca sul-africana também teve uma corrente combativa de esquerda dos anos 1960 em diante.

---

[87] Ver Hélène Carrère d'Encausse e Stuart Schram (orgs.), *Le marxisme et l'Asie 1853-1964* (Paris, Armand Colin, 1965); George Padmore, *Pan-Africanism or Communism* (Londres, Dobson, 1956); Colin Legum, *Pan-Africanism* (Londres, Pall Mall Press, 1962).

[88] Samir Amin, *L'accumulation à l'échelle mondiale* (Paris, Anthropos, 1970).

Na Indonésia, o marxismo foi fisicamente eliminado – tanto como corrente intelectual quanto como força social – num dos *pogroms* políticos mais extensos já ocorridos (entre 1965 e 1966). No Paquistão, foi suplantado em geral pelo islamismo, graças a tudo, menos a uma concorrência justa. Por outro lado, a Índia conservou um marxismo sofisticado e significativo, que entrou no país originalmente por intermédio dos Estados Unidos[89]. Há uma tradição de economia marxista ou *marxisante* de alto nível que se destacou pelo fato de que os únicos economistas que participaram da já citada controvérsia entre Cambridge e Cambridge e não eram do Atlântico Norte foram dois italianos e três indianos[90]. Acima de tudo, existe uma tradição historiográfica viva e corrente que inclui o historiador matemático e polímata D. D. Kosambi, assim como Bipan Chandra, Irfan Habib, Harbans Mukhia[91] e o formidável grupo de Estudos Subalternos, dirigido por Ranajit Guha[92]. Na sociologia indiana, o marxismo parece ter desempenhado um papel menor[93].

A China nunca foi totalmente colonizada e, por isso, percorreu amplamente a quarta rota principal da modernidade. Contudo, as invasões japonesas de 1931 e 1937 puseram a China sob a ameaça colonial, o que propiciou o desenvolvimento de um marxismo político muito original nos anos 1940, liderado teoricamente e na prática por Mao Tsé-Tung.

Em países cuja modernização foi induzida de fora, era de se esperar que o marxismo tivesse uma existência marginal, fosse deixado de lado pela facção modernizante instalada no poder e se distanciasse amplamente das massas empurradas para a modernidade pelos governantes. Por outro lado, a abertura para a importação de ideias deveria levar a uma importação precoce do marxismo e de outras ideias radicais pelas facções pró-modernidade que estivessem fora do poder. A importância relativa dessas duas tendências deveria depender da continuidade da modernização e da repressão. Quanto mais peso tivessem esses dois fatores, menos marxismo haveria.

O antigo Império Otomano – Turquia, Irã e o coração árabe do Islã – e a Ásia Oriental sino-japonesa são as duas maiores civilizações na rota para e através da modernidade. O primeiro está do lado continuísta do espectro e nunca produziu

---

[89] Georges Haupt e Madeleine Reberioux (orgs.), *La Deuxième Internationale et l'Orient* (Paris, Cujas, 1967), p. 360.

[90] Geoffrey Harcourt e Neil Laing, *Capital and Growth*, cit.

[91] A. J. Syed (org.), *D. D. Kosambi on History and Society* (Mumbai, University of Bombay, 1985); e Bipan Chandra, *Nationalism and Colonialism in Modern India* (Nova Délhi, Orient Longman, 1979).

[92] Ranajit Guha e Gayatri Chakravorty Spivak (orgs.), *Selected Subaltern Studies* (Oxford, Oxford University Press, 1988).

[93] T. K. Oommen e Partha Mukherji (orgs.), *Indian Sociology* (Mumbai, Popular Prakashan, 1986).

um marxismo significativo, teórico ou político. O Japão, por outro lado, foi mais do que o primeiro propagador do marxismo na Ásia[94]. Sua derrota catastrófica em 1945 ao menos abriu caminho para um marxismo de classe-média socialmente significativo, centrado nos partidos comunistas e socialistas e no movimento estudantil. Teoricamente, caracterizou-se por uma forte crítica ortodoxa da economia política, liderada pelos trabalhos de Kozo Uno e, mais recentemente, expressa por Mishio Morishima, Makoto Itoh e outros[95].

As rotas históricas para e através da modernidade e suas dinâmicas políticas determinaram em grande medida a trajetória do marxismo do século XX – não tanto seu conteúdo substancial quanto seus períodos de expansão e retração, permitindo o impacto tardio de acontecimentos geracionais cruciais.

O futuro da dialética

Como interpretação, crítica, análise e ocasionalmente governo da modernidade, o marxismo não tem rival entre as concepções modernas da sociedade, embora o registro de governo de políticos que se afirmam marxistas seja considerado hoje amplamente falho. Em termos intelectuais, o marxismo manteve-se e desenvolveu-se primeiramente como historiografia e, depois, como sociologia, como uma crítica da economia política mais socialmente mediada do que economicamente dirigida. No entanto, nas pesquisas "normais" da ciência e da academia, todos os "ismos" estão fadados a desaparecer, cedo ou tarde. Sua verdadeira *oeuvre* filosófica, de Max Adler a Louis Althusser e Gerald Allan Cohen, concentrou-se no entendimento do próprio Marx e do marxismo[96]. Como tal, foi filosofia interna. Já com Henri Lefebvre e Jean-Paul Sartre a filosofia marxista tornou-se uma protossociologia.

---

[94] Franco Andreucci, "La diffusione e la volgarizzazione del marxismo", em Eric Hobsbawm et al. (orgs.), *Storia del marxisme* (Turim, Giulio Einaudi, 1979, v. 2); ver Miriam Silverberg, *Changing Song: The Marxist Manifestos of Nakano Shigeharo* (Princeton, Princeton University Press, 1990).

[95] Makoto Itoh, *Value and Crisis: Essays on Marxian Economics in Japan* (Nova York, Monthly Review Press, 1980); Mishio Morishima, *Marx's Economics: A Dual Theory of Value and Growth* (Cambridge, Cambridge University Press, 1973).

[96] Na verdade, eles trataram de problemas epistemológicos mais gerais. Originalmente, Althusser apresentou a série (*Pour Marx*, Paris, François Maspero, 1965, quarta capa), cujos primeiros volumes eram *A favor de Marx* e *Ler O capital*, como planejada para "definir e explorar o campo de uma filosofia concebida como teoria da produção do conhecimento". Mas, na verdade, o foco se estreita no autoexame do marxismo e de sua dialética, se formos de Adler (*Kausalität und Teleologie im Streit um die Wissenschaft*, Viena, I. Brand, 1904) a Adorno (*Dialética negativa*), Althusser (*A favor de Marx* e *Ler O capital*) e Cohen (*Karl Marx's Theory of History: A Defence*, Oxford, Oxford University Press, 1978).

A teoria crítica foi apenas um momento ocidental de sua história global – ainda que um momento muito importante – que, mais do que qualquer outra variante talvez, colocou a problemática do marxismo como uma dialética da modernidade. A controvérsia do marxismo como ciência ou como crítica deixa escapar um ponto decisivo. As afirmações científicas e a autoconfiança dos marxistas, de Engels e Kautsky a Louis Althusser e seus discípulos pela via dos austro-marxistas, fundavam-se na suposição de que a crítica era, por assim dizer, já inerente à realidade, ao movimento dos trabalhadores. Foi só quando este último deixou de ser escrito que ocorreu o momento crucial da crítica anticientífica.

Nessa conjuntura histórica, após o fim da Revolução de Outubro e o declínio da classe trabalhadora industrial, a futura relevância da dialética marxiana da modernidade deve ser repensada. Se há algo válido nas ideias sobre o processo de globalização econômica e cultural, é que a divisão da saga da humanidade em história e pós-história não faz sentido[97]. Ao contrário, a interdependência global e os abismos globais da miséria e da riqueza estão crescendo de maneira simultânea. As polarizações das chances de vida, se não de poderes rivais, estão sendo construídas nas metrópoles desenvolvidas. Um entendimento dialético dessa unidade de opostos é urgente, muito mais do que na época de Karl Marx. Esse é um novo momento de crítica, que falta no contexto científico de classe, bem como nos apocalípticos de Korsch e Lukács, e exige compromisso humano, para além da divisão acadêmica do trabalho. Mais uma vez, porém, com o devido respeito a Habermas, uma crítica da economia contemporânea parece ser mais urgente que uma teoria da ação comunicativa.

Já que não parece provável que o capitalismo ou suas polarizações de percurso de vida venham a desaparecer no futuro próximo, há uma boa chance de que o fantasma de Marx continue a perseguir o pensamento social[98]. O modo mais óbvio de seguir a teorização social inspirada em Marx será olhar para o que acontece hoje com o venerável dístico das forças e relações de produção em escala global e seus efeitos conflituosos sobre as relações sociais. O marxismo pode não ter mais soluções prontas, mas sua agudeza crítica não perdeu necessariamente o fio.

Finalmente, com o retorno do socialismo da ciência para a utopia, há boas chances de que os homens e as mulheres preocupados com o pensamento crí-

---

[97] Francis Fukuyama, *The End of History* (Nova York, Penguin, 1992). [Ed. bras.: *O fim da história e o último homem*, Rio de Janeiro, Rocco, 1992.]

[98] Ver Jacques Derrida, *Spectres de Marx* (Paris, Galilée, 1993). [Ed. bras.: *Espectros de Marx*, Rio de Janeiro, Relume-Dumará, 1994.]

tico se voltem com interesse crescente para o grande filósofo e historiador da esperança, Ernest Bloch, que mostrou que o "marxismo, um detetive frio em todas as suas análises, toma o conto de fadas a sério, toma o sonho da Idade de Ouro na prática"[99]. A sociedade livre, sem exploração e sem alienação, por que os dialéticos críticos tanto ansiavam, às vezes contra todas as evidências, talvez não seja tanto um fracasso do passado, mas algo que ainda não veio a passar.

[99] Ernst Bloch, *The Principle of Hope* (1959) (trad. N. Plaice, S. Plaice e P. Knight, Oxford, Basil Blackwell Ltd, 1986), v. 3, p. 1370; os itálicos foram omitidos. [Ed. bras.: *O princípio esperança*, Rio de Janeiro, Contraponto, 2005, 3 v.]

3. Depois da dialética: a teoria social radical no Norte no alvorecer do século XXI

Se o socialismo e o liberalismo são fundamentais para o pensamento social e político moderno, então no século XX o socialismo foi, em sentido universal, o mais bem-sucedido em termos de atração intelectual e apoio público[1]. O socialismo estampou as bandeiras dos partidos de massa no Brasil, Inglaterra, China, França, Alemanha, Índia, Indonésia, Itália, Japão, México, Rússia, África do Sul – na verdade, em quase todos os grandes países do globo, com exceção da Nigéria e dos Estados Unidos. Foi abraçado ao menos como objetivo retórico por uma série de grandes partidos, dos social-democratas do Ártico aos nacionalistas da África. O socialismo e o comunismo exerceram uma atração poderosa sobre algumas das mentes mais brilhantes do último século: Einstein era socialista e escreveu um manifesto, intitulado "Por que o socialismo?", para o número inaugural da revista marxista *Monthly Review* nos Estados Unidos; Picasso era comunista e criou o logotipo dos movimentos de paz liderados pelos comunistas após a Segunda Guerra Mundial. Apesar dos objetivos conservadores originais e de sua tradição asfixiante, a Academia Sueca concedeu o Prêmio Nobel de Literatura a uma série de escritores de esquerda, de Romain Rolland a Elfriede Jelinek.

Nos anos 1960 e 1970, seguindo duas tendências no rescaldo das duas guerras mundiais do século XX, variantes do socialismo alcançaram o auge de sua influência e de sua ambição transformadora e fizeram do marxismo seu principal cânone teórico, se não o único. No âmbito geopolítico, a União Soviética igualou-se aos Estados Unidos, que haviam sido derrotados pelos comunistas vietnamitas. A Revolução

[1] Este texto nasceu de um convite para uma coletânea sobre diferentes aspectos da teoria social europeia, cujo foco era a questão do "pós-marxismo e a esquerda", e depois foi ampliado para a *New Left Review*. Qualquer pesquisa sobre um tema tão amplo quanto este pode estar sujeita a omissões e imprecisões, bem como a inclinações políticas, pessoais e geracionais do autor.

Cultural Chinesa foi a mais abrangente tentativa levada adiante de transformar a sociedade e foi vista por muitas pessoas ao redor do mundo como um ofuscante sinal vermelho. Ao norte de Limpopo, a África foi varrida pela descolonização e embarcou em projetos socialistas de construção nacional. Na América Latina, a Revolução Cubana inspirou o surgimento de políticas socialistas revolucionárias, seguida por outro exemplo – diferente, mas na mesma linha – no Chile.

Movimentos sindicais nos países mais desenvolvidos alcançaram seus níveis mais altos de filiação em meados dos anos 1970. Na Europa Ocidental e na Oceania, a social-democracia avançava tanto entre os eleitores quanto em seu programa de reformas. Na Suécia de 1968 a 1976 e na França entre 1978 e 1981, os sociais-democratas apresentaram seus planos mais radicais e concretos para a mudança social. Os movimentos grevistas da classe trabalhadora, demonstrações e ocupações de locais de trabalho sacudiram a França em maio de 1968 e a Itália no outono de 1969. Os movimentos estudantis, que eram historicamente de direita na Europa, surgiram como poderosas forças de esquerda no continente europeu, nas Américas, em grande parte da África – desde a África do Sul até a Etiópia – e, de forma menos pronunciada, no norte árabe, na Ásia – desde Istambul até Bangcoc e Tóquio – e na Oceania. Marx e o marxismo abriram as portas para a academia em alguns dos principais países capitalistas, conquistando forte influência ali, ainda que nunca tenham sido hegemônicos em nenhum centro intelectual significativo, além da Itália e da França.

Então, subitamente, a maré recuou e deu lugar a um tsunami neoliberal. As construções socialistas foram derrubadas, muitas delas dando provas de instabilidade ou falsificação do processo; as ideias socialistas e as teorias marxistas foram engolidas pelo dilúvio. As privatizações se tornaram a ordem do dia no mundo, formuladas no Consenso de Washington pelo Departamento do Tesouro dos Estados Unidos, o FMI e Banco Mundial. No alvorecer do século XXI, não apenas o capitalismo liberal, mas também o império e imperialismo, encenaram um retorno triunfal e, com eles, as visões de mundo da *belle époque*. A explicação para essa virada repentina, e por que isso aconteceu nas duas últimas décadas do século XX, está muito além do objetivo deste rápido olhar sobre a paisagem da teoria social de esquerda após o "desastre" neoliberal. No entanto, antes de dar um quadro resumido de respostas, devemos apontar as linhas gerais da mudança de parâmetros no interior das quais essas teorizações tiveram lugar.

A virada da modernidade

Se a análise tende à celebração e à aceitação, ou à crítica e à rejeição, a teorização social depende do mundo social que ela teoriza. O principal motivo para estudar o presente é entender o poder que ele exerce; e as críticas a ele são muito, se não absolutamente, dependentes da esperança de um mundo diferente possível. Essa esperança, por sua vez, depende da visibilidade – por modesta que seja – de algum poder alternativo ou força com potencial para levar a crítica a uma transformação ativa. O que aconteceu com o socialismo e o marxismo nos anos 1980 e 1990 foi que as forças alternativas pareceram desaparecer. Enquanto as desigualdades do capitalismo não paravam de crescer na maioria dos países, a distância global entre ricos e pobres aumentava, e a brutalidade dos governantes dos principais países capitalistas era reafirmada reiteradamente; a dialética do capitalismo estava implodindo. O novo impulso do capital não foi acompanhado de um fortalecimento da classe trabalhadora e do movimento anticapitalista, ou de uma saída sistêmica para um novo modo de produção, ao menos não de uma perspectiva visível a olho nu. Ao contrário, o trabalho perdeu sua força e as alternativas sistêmicas embrionárias se partiram ou se marginalizaram completamente. A conjunção global das derrotas políticas da esquerda e o esfacelamento social das duas últimas décadas do século XX foram, em qualquer medida, esmagadoras.

Qualquer apreciação analítica, porém, deve levar em conta a lenta obra do tempo. As ideias da maioria dos teóricos contemporâneos formaram-se em períodos de esperança e poder. A teoria atual segue principalmente as respostas da geração da virada dos anos 1980 para os anos 1990; ao mesmo tempo, uma nova geração de esquerdistas surge dos Fóruns Sociais Mundiais, do movimento antiglobalização e da mobilização dos índios americanos, do Chiapas à Bolívia. Enquanto isso, o significado sociopolítico do novo anti-imperialismo muçulmano ainda está por se definir.

Nos países capitalistas ricos, a virada estrutural para a desindustrialização e a incapacidade dos partidos de centro-esquerda de lidar com a difícil conjuntura de desemprego em massa e inflação crescente durante os anos 1970 prepararam o caminho para a vingança do neoliberalismo, liderada pelos países de origem da industrialização. Quando a nova doutrina econômica se tornou um desafio inesperadamente agressivo, as principais potências que estavam supostamente "construindo o socialismo" adotaram estratégias diferentes. A da União Soviética revelou-se suicida: tentou aplacar o liberalismo político enquanto deixava a economia cair em queda livre ao tolerar ataques cada vez mais agressivos. Os chineses e, posteriormente, os vietnamitas pegaram a estrada do "livre mercado": se o capitalismo é o único espetáculo na Terra, queremos participar. Após o fracasso e o vazio moral da Revolução Cultural Chinesa, o Partido Comunista Chinês – apesar de todas as críticas maoistas contra os "seguidores do capitalismo" – foi a força política mais compromissada a enveredar por esse caminho.

Na América Latina, as esperanças reformistas e revolucionárias se afogaram em sangue no fim dos anos 1970. No mundo árabe, o vitorioso ataque israelense em 1967 destruiu a esquerda secularizada. Os Estados africanos que ficaram do lado do comunismo durante a Guerra Fria viraram a casaca com o desaparecimento dos patrões. O gigantesco Partido Comunista da Indonésia foi literalmente massacrado em 1965. O marxismo chileno, comunista e socialista, nunca se recuperou do golpe de 1973. Na Europa, o Partido Comunista Italiano se dissolveu e o Partido Comunista Francês se reduziu ao tamanho de uma grande seita. Mas Bengala Ocidental, um estado indiano com uma população igual à da Alemanha, reelege há anos seu governo comunista; o castrismo caribenho conseguiu sobreviver, ressuscitado por desenvolvimentos recentes na Venezuela e na Bolívia. A bandeira vermelha ainda é erguida por minorias consideráveis no sul da Europa, desde Portugal até a Grécia, e pelo moderado Partido Progressista do Povo Trabalhador (Akel) em grande parte do Chipre grego. Mas, talvez com exceção deste último, todos são partidos de testemunho, mais do que de esperança. As aspirações social-democratas da Europa pós-comunista obtiveram poucos resultados; os partidos tenderam a ser liberais ou corruptos, ou ambos. As esperanças socialistas na África do Sul após o *apartheid* também não levaram a nada, embora o Congresso Nacional Africano represente a democracia presente no continente africano. A virada à esquerda dos países latino-americanos nos anos 2000 deve pouco ao socialismo ou ao pensamento marxista clássicos, já que se inspirou sobretudo no catolicismo radical, como foi o caso no Brasil, no populismo latino-americano na Argentina e na Venezuela, e nas mobilizações dos povos indígenas na Bolívia – embora o Movimento para o Socialismo, do presidente Evo Morales, tenha sido criado em grande parte por quadros dos sindicatos mineiros de esquerda. Ainda assim, em todos esses casos, e em particular no caso boliviano, há um componente articulado de esquerda socialista.

O mundo ainda não se tornou seguro para o liberalismo. Novas forças radicais continuam a surgir: movimentos populistas na Indo-América, ondas de migração erguendo movimentos de imigrantes no "Primeiro Mundo" e uma ampla gama de manifestações políticas no Islã, da democracia islâmica ao terrorismo sectário. A mais interessante delas, crucial para os desenvolvimentos futuros, poderia ser o advento de um islamismo social, semelhante ao catolicismo social na Europa, da Holanda à Áustria, um século atrás. Mas os antigos mapas da "rota para o socialismo" perderam suas coordenadas. Novas buscas precisam ser feitas; é de se esperar que levem algum tempo.

O triângulo quebrado do marxismo

Como marco mínimo para situar as recentes viradas da teoria social de esquerda, precisamos olhar para a maneira como os pensamentos marxista e socialista imbricam na história cultural. Isso demanda, em primeiro lugar, um olhar para a construção específica do marxismo como um "ismo" e para as forças que colaboram para tal estrutura. Em segundo lugar, o marxismo e o socialismo deveriam ser reconhecidos como partes de um quadro cultural mais amplo, o da modernidade, e, portanto, afetado pelas vicissitudes desta última.

A história do marxismo pode ser mais bem vista como uma triangulação que surgiu da circunstância histórica e da extraordinária abrangência de interesses de seus fundadores. O "ismo" tem três diferentes polos, a distâncias variadas entre si, sem falar das variações de coalizões entre os polos. Intelectualmente, o marxismo é, antes de tudo, uma ciência social histórica, no sentido amplo da *Wissenschaft*, que foca a operação do capitalismo e, mais em geral, os desenvolvimentos históricos determinados, "em última instância", pela dinâmica das forças e relações de produção. Em segundo lugar, o marxismo é a filosofia das contradições ou dialética, com ambições epistemológicas e ontológicas, assim como com implicações éticas. Em terceiro lugar, é um modo de política da classe trabalhadora socialista; ele forneceu a bússola e o mapa para a derrubada revolucionária da ordem existente. A política é o vértice dominante do triângulo, o que torna o "ismo" uma corrente social e não apenas uma linhagem intelectual. O materialismo histórico, com a crítica da economia política marxiana, e a dialética materialista, com a filosofia social da alienação e o fetichismo da mercadoria, tinham seus atrativos intelectuais intrínsecos, mas estão em geral conectados a – e com frequência comprometidos com – uma política de classe socialista. Em Marx-*ismo*, as relações da política com a ciência, a historiografia e a filosofia sempre foram assimétricas. Se e quando a liderança política era distinta da liderança teórica, era sempre o poder político que assumia o controle, embora a liderança política durante as duas primeiras gerações após Marx exigisse normalmente a capacidade de argumentação teórica.

Marx, Engels, Kautsky – o principal teorizador da social-democracia da Segunda Internacional – e Lenin, cada um à sua maneira, dominavam os três gêneros. Stalin e Mao também praticavam os três. Por mais impressionantes que fossem a versatilidade e a habilidade dessas gerações fundadoras nos campos intelectual e político, essas qualidades também são expressão do começo da modernidade do fim do século XIX, quando os discursos intelectuais se subdividiam pouco nas diferentes disciplinas e havia a preponderância natural da política. No século XX, o tamanho dos lados do triângulo aumentaria. Qualquer tentativa séria de entender o "pós-marxismo" terá de passar por esse triângulo da ciência social, política e filosofia.

O marxismo que surgiu na Europa Ocidental após a Primeira Guerra Mundial tinha uma abordagem basicamente filosófica; de início ligado organicamente à política revolucionária (Lukács, Korsch, Gramsci), distanciou-se posteriormente dela (Escola de Frankfurt) ou se relacionava apenas indiretamente com ela (Althusser, Lefebvre, Sartre), ainda que seus expoentes estivessem ligados pela afiliação partidária, como nos dois primeiros casos[2]. Apesar das duras lições sociológicas dos frankfurtianos exilados nos Estados Unidos e do impulso científico dos althusserianos, os filósofos marxistas europeus desse período quase nunca se engajaram intelectualmente com os cientistas sociais ou os historiadores marxistas.

O modo marxista nunca atraiu apoio suficiente para se consolidar na Europa Ocidental como uma prática política distinta. Sempre esteve aberto a aventuras oportunistas e à legitimação autoritária. Isso fez que aquilo que poderíamos chamar de coalizão marxista "natural" da política e da ciência social fosse difícil e raro. Havia, é claro, uma ligação importante: o compromisso político com o socialismo, no sentido histórico de um tipo diferente de sociedade. Nos anos 1960 e 1970, até início dos anos 1980, esse não era só um compromisso dos intelectuais radicais e da juventude revolucionária: foi defendido por partidos de massa ou por correntes significativas destes, como o Partido Trabalhista Britânico e as sociais-democracias na Europa Ocidental. Havia também o fato "realmente existente" de que um grupo considerável de Estados, dois deles muito poderosos, estava "construindo o socialismo". A crença em suas conquistas era limitada, mas a visão de que constituíam ao menos um lugar de construção social – ainda que estivessem temporariamente parados ou talvez em decadência – era geral.

A política socialista, nos sentidos ambíguos mencionados, mantinha o triângulo marxista de pé, ainda que no interior dele houvesse pouco conteúdo especificamente marxista. Mas a política socialista desintegrou-se ao longo dos anos 1980: enredada e obrigada a capitular na França; esmagada eleitoralmente na Grã-Bretanha e na ofensiva na Escandinávia; voltando-se bruscamente para a direita por razões geopolíticas e outras no sul da Europa; abandonada ou ferida mortalmente na Eurásia comunista; esmagada pelas botas dos militares na América Latina. Isso puxou o tapete do marxismo como ciência social: suas análises perderam qualquer público potencial. A filosofia marxista, assim como a historiografia e a ciência social, teve de contar com os compromissos acadêmicos. Talvez por ser imune à refutação empírica, a filosofia saiu-se melhor e manteve uma ligação com a política revolucionária marginal, especialmente em partes da Europa latina.

[2] Ver Perry Anderson, *Considerações sobre o marxismo ocidental*, cit.

O triângulo marxista de ciência social, política e filosofia foi quebrado – ao que parece, de forma irremediável. Isso para não dizer que a política socialista, pressuposta na reivindicação de uma sociedade diferente, socialista, desapareceu. Nos países onde o sistema eleitoral permite, o apoio a esse tipo de política varia de 5% a 20%, mas poderia crescer. Ideologias políticas e orientações têm seus altos e baixos, e o pós-socialismo pode ser ultrapassado em breve por um novo socialismo. Mas o subdesenvolvimento da teoria política marxista, juntamente com a reestruturação das sociedades capitalistas, torna improvável que uma política socialista ascendente possa ser marxista. O zênite da classe trabalhadora industrial acabou, enquanto sujeitos políticos antes ignorados agora tomam a dianteira.

Em condições não repressivas, é pouco provável que o Marx-*ismo* exerça atração como ciência social ou historiografia sobre as coortes de acadêmicos comprometidos com o socialismo após os anos 1990. Em comparação com a física ou a biologia, os avanços da ciência social e da historiografia acadêmica podem parecer modestos; no entanto, eles representam um passo enorme desde a época de *Das Kapital*. Assim, como dissemos acima, cada geração de cientistas sociais tende a encontrar novas fontes de inspiração entre os clássicos do pensamento social. É bastante provável que Marx seja redescoberto muitas vezes no futuro; novas interpretações serão feitas e novas inspirações serão encontradas – embora pouco propícias a identificações *ismo-ista*. Por outro lado, os filósofos pendem mais habitualmente do que ocasionalmente para seus predecessores. Não sabemos se Marx chegará aos 2.500 anos de longevidade de Platão, Aristóteles e Confúcio, mas não podemos descartar essa possibilidade. Fantasmas nunca morrem, como disse Derrida[3]. A história da filosofia tende a produzir sempre novas técnicas de leitura.

O desafio do pós-modernismo

A esquerda e a teoria social marxista também devem ser situadas no quadro cultural mais amplo da modernidade em que foram articuladas pela primeira vez e por cujas vicissitudes estejam inevitavelmente afetadas. Como quadro apareceu por volta de 1980 no desafio do pós-modernismo. Enquanto o pós-modernismo derivou das artes e da filosofia cultural, a modernidade pretendia falar da sociedade, da cultura em sentido antropológico, da história e da situação histórica atual da

---

[3] Jacques Derrida, *Spectres de Marx* (Paris, Galilée, 1993), p. 163. [Ed. bras.: *Espectros de Marx*, Rio de Janeiro, Relume-Dumará, 1994.]

humanidade. Há, portanto, uma zona de desconforto e disputa com a historiografia e a ciência social contemporâneas. Qual seria sua contribuição, a partir de uma perspectiva analítica da historiografia e da sociologia empírica?

Obviamente, não há uma definição única de modernidade e moderno. Mas as definições mais proveitosas dos conceitos tomados da linguagem comum tendem a ser as menos arbitrárias e idiossincráticas, o que implica com frequência respeitar o sentido etimológico e abster-se de atribuir à definição conotações *a priori*. A modernidade deveria ser vista, então, apenas como uma orientação temporal. A modernidade é uma cultura que pretende ser moderna, no sentido de virar as costas para o passado – o antigo, o tradicional, o *passé* – e olhar para o futuro como um horizonte novo e alcançável. Homens e mulheres, sociedades, civilizações modernos têm uma direção: "adiante" ou, como se dizia na antiga República Democrática Alemã e em Gana após a independência, "Adiante sempre, retroceder nunca"[4]. Em vez de banalizar o conceito de modernidade na tentativa de traduzi-lo num conjunto de instituições concretas, seja do capitalismo, seja da política, ou numa concepção particular de racionalidade ou agência para que seja mais fácil atingi-lo filosoficamente, é mais útil empregá-lo como significante temporal, de modo que mantenha a agudeza analítica.

Qual deveria ser o uso da modernidade – a *Moderne* alemã – nesse sentido? Por que não seguir o conselho de Jameson e "substituir capitalismo por modernidade"?[5] A modernidade é útil para muitos em razão de suas conotações mais amplas, extraeconômicas. A história cultural do *Berliner Moderne* dificilmente pode ser considerada sinônimo da história do capitalismo em Berlim nem necessariamente de interesse ilegítimo[6]. A modernidade dirige a atenção para mudanças semânticas importantes, que, de outra forma, seriam facilmente ignoradas. Tomemos a palavra "revolução", por exemplo. Como conceito pré-moderno, ela aponta para trás, "recua", ou indica movimentos cíclicos, como em *Sobre a revolução das esferas celestes*, de Copérnico, ou na *Encyclopédie* do

---

[4] Ver Reinhart Koselleck, *Vergangene Zukunft* (Frankfurt, Suhrkamp, 1979), p. 314 e seg.; Jürgen Habermas, *Der philosophische Diskurs der Moderne* (Frankfurt, Suhrkamp, 1985), p. 14-5 [ed. bras.: *O discurso filosófico da modernidade*, cit.].

[5] Fredric Jameson, *A Singular Modernity*, cit., p. 215.

[6] Nem o modernismo social deveria ser equiparado à teoria social da "modernização" do pós-guerra, como Jeffrey Alexander propôs alguns anos atrás. A modernização foi uma teoria particular da evolução sociocultural, criticada por Wallerstein e outros não de uma posição "antimoderna", mas por seu nacionalismo metodológico e seu evolucionismo idealista, distanciando-se do capitalismo, da exploração, do colonialismo e do "desenvolvimento do subdesenvolvimento". Ver Jeffrey Alexander, "Modern, Anti, Post, Neo", *New Left Review*, Londres, Verso, n. 210, mar.-abr. 1995.

iluminismo francês, cujo verbete principal se refere aos relógios ou à fabricação de relógios. Foi apenas depois de 1789 que "revolução" se tornou uma porta para o futuro, como aconteceu pouco depois com outro termo que começa com "re": "reforma".

Como conceito histórico, modernidade também exige que se distingam e analisem diferentes caminhos até ela, com suas duradouras – se não inalteráveis – consequências. Como dissemos anteriormente, podemos distinguir quatro grandes caminhos para a modernidade: a guerra civil e o conflito interno da Europa; o povoamento do Novo Mundo, com seus Outros pré-modernos – tanto o país corrupto de origem quanto os nativos; a via traumática da conquista colonial e do nacionalismo anticolonial; e a "modernização reativa" pelo alto, iniciada no Japão. Por fim, um conceito temporal de modernidade é também um modo de se apropriar do significado de pós-modernidade, como questionamento ou perda da crença nas narrativas futuras do moderno. Na medida em que "avanço" e "retrocesso", "progressivo" e "reacionário" perderam todo significado, entramos no mundo pós-moderno.

Marx e o marxismo eram muito modernos nesse sentido; o termo é repetidamente invocado no *Manifesto Comunista* e n'*O capital* – o "objetivo maior do qual" era "revelar a lei econômica do movimento da sociedade moderna", como diz Marx no prefácio da primeira edição do primeiro volume[7]. Mas, e isso era crucial, tratava-se de uma concepção *dialética* da modernidade, vista como inerentemente contraditória. A modernidade do capitalismo e da burguesia foi acolhida, mas ao mesmo tempo acusada de exploradora e alienante. Esse entendimento dialético da modernidade, em certo sentido, foi o verdadeiro cerne do pensamento marxiano. Ele afirmava a natureza progressiva do capitalismo, da burguesia e até do comando do imperialismo capitalista (de modo que muitos achariam insensível às vítimas do colonialismo), ao mesmo tempo que não só os denunciava, como também organizava a resistência contra eles. Em termos histórico-culturais abrangentes, o marxismo pode ser visto como a leal oposição a sua Majestade Modernidade[8]. Mas se nesse sentido cultural fundamental o marxismo (bem como os recentes desafios a ele) só pode ser entendido nos termos de sua concepção dialética da modernidade, esta última também deve ser situada em contraste com outras "grandes narrativas da modernidade". As mais influentes podem ser resumidas assim:

---

[7] Ver Marshall Berman, *All That Is Solid Melts Into Air*, cit.

[8] Ver o capítulo 2 deste volume.

Tabela 3.1. Grandes narrativas da modernidade

Passado:	Futuro:
Ignorância, superstição, subserviência	Emancipação: esclarecimento individual, racional
Opressão, ausência de liberdade	Emancipação/libertação: coletiva
Pobreza, doença, estagnação	Crescimento, progresso, desenvolvimento
Condições de não/pouca competição	Sobrevivência do mais forte
Repetição, imitação	Vitalidade criativa

Consideremos esses pontos na ordem em que aparecem na tabela. Em primeiro lugar, se a noção kantiana de esclarecimento racional perdeu muito de seu apelo no início do século XXI, devemos reconhecer que ela continua no centro de controvérsias importantes; por exemplo: como explicar, evitar e conviver com a Aids e outras doenças mortais na África e em outras partes do mundo. A feitiçaria é a grande fonte de doenças e mortes? Ter relações sexuais com uma virgem cura a Aids?

Em segundo lugar, nas últimas décadas os conceitos de emancipação coletiva ou libertação passaram por mudanças notáveis como parte do processo de pós-modernização. Perderam suas primeiras referências sociais – a classe trabalhadora, os colonizados, mulheres, gays e lésbicas – e, acima de tudo, o horizonte socialista de emancipação do capitalismo. Mas não desapareceram. Ressurgem hoje no discurso democrático-liberal, ele próprio uma forma de modernismo de direita, em que tais conceitos se referem à libertação de um grupo seleto de regimes autoritários "antiocidentais": comunistas, pós-comunistas ou árabes e muçulmanos. Na Indo-América, por outro lado, a emancipação adquiriu uma nova urgência social, à medida que as populações indígenas exigem uma divisão mais equitativa dos recursos.

Em terceiro lugar, o horizonte de crescimento e progresso ainda governa as expectativas de todas as economias modernas, as antigas "construções do socialismo" e todas as variedades de capitalismo, inclusive o neoliberalismo reinante. Crescimento e progresso também são a história que a ciência conta de si mesma e constituem o credo de todas as autoridades acadêmicas.

Em quarto lugar, a sobrevivência do mais forte e o darwinismo social ganharam novo ímpeto na globalização neoliberal, após a quarentena pós-fascista. De acordo com essa perspectiva, somente os mais preparados e os mais vis merecerão sobreviver ao vale-tudo da competição global.

Em quinto e último lugar, o colapso do academicismo artístico ditado por regras deixou o modernismo artístico sem objetivo, salvo os modernistas mais velhos. O conflito entre vanguarda e tradição foi substituído pela sucessão de modas.

Marx acolheu todas as perspectivas modernas citadas, embora a emancipação coletiva humana e o desenvolvimento econômico fossem mais importantes para ele. Mas o que distinguiu Marx e o marxismo de outras linhagens do pensamento modernista foi o interesse no caráter contraditório da Era Moderna e nessas contradições e conflitos, assim como em suas dinâmicas mais importantes.

Tabela 3.2. Dialética marxiana da modernidade capitalista

Avanço:	Contradição/conflito:
Individualização	Atomização, alienação
Produtividade, desenvolvimento	Exploração e concentração
	Crescimento das relações existentes de produção
Expansão capitalista	Unificação e fortalecimento proletário
Globalização	Revoltas anti-imperialistas

Contra os projetos liberais lineares de individualização, racionalização e crescimento como base para a "modernização", o marxismo estabeleceu uma perspectiva dialética de emancipação – afirmando explicitamente que o capitalismo e o colonialismo eram tipos de exploração, bem como o progresso, como pode ser visto na Tabela 3.2. A perspectiva marxista também diferia da noção weberiana de racionalização de mercados e burocracias como uma "jaula de ferro". As contradições da modernidade, segundo Marx, assinalaram mudanças radicais. O movimento trabalhista nos países desenvolvidos, o movimento feminista socialista, os movimentos de libertação anticoloniais e os países socialistas "atualmente existentes", quaisquer que fossem seus erros, eram vistos como portadores de um futuro diferente, de um projeto modernista de emancipação. Nos anos 1990, porém, essa crença no futuro foi essencialmente destruída.

O pós-modernismo atacou todas as grandes narrativas da modernidade, ao mesmo tempo que ignorava em geral a concepção dialética do marxismo. Mas todos esses avanços sociopolíticos, todas essas conquistas do espaço ideológico, foram contra a esquerda modernista. Ao mesmo tempo, a direita modernista derrotou quase todos os seus inimigos tradicionais; o caso mais bem-sucedido foi o da Grã-Bretanha de Thatcher – o neoliberalismo pode ser visto como um alto modernismo de direita e, como observamos, tem sido pouco afetado pelos argumentos pós-modernistas. O novo vigor da direita norte-americana é uma ilustração viva do atual emaranhamento da modernidade[9]. Enquanto a direita norte-americana recruta suas tropas entre os cristãos fundamentalistas, seu teor hegemônico surge da "vontade de abraçar o futuro", que ela vê como seu[10]. (É óbvio que a celebração teológica de sucesso mundial da corrente dominante do evangelismo cristão facilita sua poderosa infusão de modernismo secular com religião fundamentalista.) Significativamente, enquanto o compromisso da esquerda com a revolução social é silenciado, a direita norte-americana alardeia a "mudança de regime".

A modernidade não foi abandonada como posição intelectual. Tanto teóricos da "terceira via" quanto a antiga extrema-esquerda ainda a defendem[11]. Numa série de publicações bem fundamentadas da Suhrkamp, Ulrich Beck chegou ao ponto de proclamar uma "segunda modernidade". Mas os desafios sociopolíticos que atravessam todo o espectro da esquerda mal começaram a ser confrontados. De fato, o livro de Beck, *Sociedade de risco*, publicado na Alemanha em 1986 e principal trabalho teórico das últimas décadas, dá uma base possível para uma nova concepção de modernidade: "O risco pode ser definido como um modo sistemático de lidar com o acaso e a insegurança induzidos e introduzidos pela própria modernização. Os riscos [...] podem ser politicamente reflexivos"[12]. Essa importante conceitualização da sociedade – já que risco é um conceito da economia – também encontrou ressonância política nos círculos ambientalistas. Entretanto, sua agudeza crítica perde o fio por duas particularidades. Em primeiro lugar, sua cegueira fundamental ao que acontece à direita do centro no espectro político, o surgimento já citado do modernismo liberal de direita – de início mais forte no mundo anglo-saxão do que na Alemanha, mas politicamente triunfante muito antes de sua entronização na recente *Grosse Koalition*

[9] Göran Therborn, "Entangled Modernities", *European Journal of Social Theory*, v. 6, n. 3, 2003.

[10] John Micklethwait e Adrian Wooldridge, *The Right Nation* (Londres, Penguin, 2004), p. 346 e seg.

[11] Ver, por exemplo, Jürgen Habermas, *Der philosophische Diskurs der Moderne*, cit.; Alex Callinicos, *Against Postmodernism* (Cambridge, Polity, 1989); Ulrich Beck, Anthony Giddens e Scott Lash, *Reflexive Modernization* (Cambridge, Polity, 1994) [ed. bras.: *Modernização reflexiva*, São Paulo, Unesp, 1997]; Terry Eagleton, *The Illusions of Postmodernism* (Oxford, Wiley-Blackwell, 1996) [ed. bras.: *As ilusões do pós-modernismo*, Rio de Janeiro, Zahar, 1998].

[12] Ulrich Beck, *Risk Society* (Londres, Sage, 1992), p. 21; os itálicos foram omitidos. [Ed. bras.: *Sociedade de risco*, São Paulo, Editora 34, 2010.]

[grande coalizão]. Em segundo lugar, o conteúdo institucional específico da "nova" (e mais tarde "segunda") modernidade de Beck – o fim das classes, do pleno emprego, do Estado-nação, e a "libertação" dos indivíduos das instituições industriais – expõe sua percepção da mudança de um marco temporal alterado a acusações de seletividade arbitrária, incertezas empíricas, ou ambas.

O discurso pós-modernista tem algo importante a ensinar, mas isso deveria estar sujeito a uma leitura mais sintomática do que literal, como um questionamento das concepções não dialéticas da modernidade, como um sintoma da desorientação da (ex-)esquerda e como uma forma de miopia diante do mundo que existe além do Atlântico Norte. A pós-modernização do mundo ainda é muito errática. Sob o ritmo frenético do discurso estético, o pós-modernismo pode até ser "excessivo", como escreve um de seus primeiros defensores no epílogo da segunda edição[13]. Em 2002, Jameson notou o fim da "concordância geral" do pós-modernismo e "nos últimos anos [...] o retorno e o restabelecimento de todo tipo de antiguidades"[14]. Bauman, em idade avançada e ainda em sintonia com as sirenes dos tempos, tentou emplacar "modernidade líquida", em vez de pós-modernismo[15]. Mesmo assim, as duas décadas de pós-modernismo, os anos 1980 e 1990, provocaram uma fissura no pensamento sociocultural, ele próprio um sintoma dos tempos político-econômicos, que não foi superada. O futuro como novidade, como diferença, desapareceu por trás de uma nuvem de fumaça.

Enquanto as críticas ecológicas e feministas contra as visões modernistas do crescimento, do desenvolvimento e do progresso têm se tornado correntes alternativas significativas nos centros capitalistas – com frequência incorporadas de forma diluída na corrente dominante do liberalismo iluminista –, as críticas do Terceiro Mundo sobre o que podemos chamar, com o devido respeito ao teórico social peruano Anibal Quijano, de colonialidade da modernidade, ou colonialidade do nacionalismo anticolonial, mal penetraram nos muros da teoria social do Atlântico Norte. Esse sempre foi um tema importante no pensamento indiano, ainda que com alguma aliança desconfortável com o nacionalismo modernista, exemplificado na cooperação entre Gandhi e Nehru. No Fórum Social de Mumbai, em 2004, havia no palco principal uma faixa que dizia: "As pessoas não querem desenvolvimento, apenas querem viver". Isso fez sentido para muitos dos movimentos sociais indianos que surgiram recentemente, em geral "tribos" e ecologistas contrários às barragens e a outros projetos desenvolvimen-

[13] Linda Hutcheon, *The Politics of Postmodernism* (Londres, Routledge, 2002), p. 166.

[14] Fredric Jameson, *A Singular Modernity*, cit., p. 1.

[15] Zygmunt Bauman, *Liquid Modernity* (Cambridge, Polity, 2000). [Ed. bras.: *Modernidade líquida*, Rio de Janeiro, Zahar, 2001.]

tistas. Diante das favelas de Mumbai, porém, o ataque ao desenvolvimentismo parece menos convincente.

Entretanto, num país como a Bolívia, a colonialidade da modernidade é mais evidente na longa história de políticas racistas e projetos de "modernização" econômica e cultural que deixaram a maioria indígena abandonada à fria pobreza do *altiplano*. A plataforma do presidente Evo Morales e do vice-presidente Álvaro Garcia Linera não é nem tradicionalista, nem modernista, nem pós-modernista. Intelectual e politicamente impressionante, é uma tentativa corajosa de abrir caminho para uma modernidade alternativa, iluminar a trilha para o marxismo nos Andes.

Em suma, podemos dizer que a modernidade mudou no fim do século XX, mas em muitas direções: à direita, com o pós-modernismo e em buscas teóricas e políticas por novas modernidades.

Definições

Agora que os parâmetros políticos e culturais-intelectuais mais amplos da teorização social recente foram apresentados, ainda devemos responder a uma pergunta preliminar, antes de podermos avaliar o estado atual da questão: o que é teoria social? A definição aqui apresentada vê a teoria social como uma corda estendida entre dois polos ambiciosos: de um lado, ela oferece um quadro explanatório abrangente para determinado fenômeno social e, de outro, algo que "dá sentido" a esse fenômeno. Em outras palavras, trata-se de uma concepção universal de "teoria" que se aplica tanto à explanação – mais abrangente e mais importante – quanto à *Sinnstiftung*, a constituição de significado.

Nos termos do polo que "gera sentido", o último ângulo da filosofia no triângulo marxista clássico de ciência social, filosofia e política e a forte resistência aos desenvolvimentos empíricos significam que as contribuições da filosofia política e social são de particular importância para uma visão geral da teoria social oriunda da esquerda. Quanto ao segundo polo, o da ciência social empírica, talvez devêssemos reiterar que a teoria não é um campo separado ou uma subdisciplina, uma forma de pensamento livre de pesquisa, mas uma bússola construtora para a investigação empírica. Foi nesses termos que Pierre Bourdieu, por exemplo, criticou as concepções de teoria social anglo-saxãs[16]. Também daremos atenção a esse tipo de teoria na ação científica.

Deveríamos ter destacado desde o início que o que se segue não é de forma alguma uma pesquisa genérica a respeito da produção intelectual da esquerda

[16] Pierre Bourdieu, *Réponses* (Paris, Seuil, 1992), p. 86, 136 e seg.

contemporânea. Uma definição estrita de teoria social, centrada no presente, deve excluir o trabalho de acadêmicos e historiadores da história intelectual e, portanto, algumas das mentes mais brilhantes da esquerda internacional. Outro campo proveitoso para a esquerda nos últimos anos foi a geopolítica e as relações entre Estados, que lhe renderam trabalhos importantes sobre o imperialismo e o poder imperial; porém, mais uma vez, envolve pouca teorização como tal[17].

No entanto, o fato de que em 2004 a Academia Britânica organizou uma conferência intitulada "Historiografia marxista: viva, morta ou moribunda?" foi um acontecimento teórico significativo. A resposta que ecoou claramente foi: "Viva!", com o detalhe de que o que estava vivo era o Marx "diagnosticador" e não o "profeta", como o presidente da academia afirmou em sua apresentação. O editor dos anais, o grande historiador medieval de Oxford Chris Wickham, resumiu seu próprio campo dizendo que "na economia e na história social medievais, longe de as ideias marxistas estarem mortas ou moribundas, elas estão por toda a parte".

Os desafios ao pensamento social de esquerda, postos pela pós-modernidade e pela direita neomoderna, foram encarados de maneiras muito diferentes. Excluindo os casos de abandono real do pensamento radical, que fogem ao escopo deste artigo, abordarei, em primeiro lugar, as novas temáticas nas respostas dos acadêmicos de centro-esquerda e, em segundo lugar, tentarei situar algumas das mudanças gerais em seu posicionamento teórico-político. Já que o espaço restrito não permite exposições extensas ou análises elaboradas dessas variações, optei por um mapa regional, majoritariamente limitado à Europa Ocidental e à América do Norte.

Modos de resposta da esquerda

A virada teológica da Europa

O desenvolvimento teórico mais surpreendente na filosofia social de esquerda na última década foi uma nova virada teológica. Em essência, isso não significou abraçar uma fé religiosa, apesar de alguns intelectuais de esquerda terem chegado ao ponto de afirmar uma judaização etnorreligiosa e de haver frequentemente indicações de uma relação pessoal particular, para além da crença, com a religião ou uma figura religiosa, por exemplo, quando Régis Debray escreve: "Três coisas ocuparam minha vida [como pensador], a guerra, a arte e

---

[17] O anuário *Socialist Register* é o foco principal nesse campo; publica, entre outros, Aijaz Ahmad, Noam Chomsky, Sam Gindin, Peter Gowan, David Harvey, Colin Leys, Leo Panitch, John Saul, Bob Sutcliffe e Ellen Wood.

a religião"[18]. Ao contrário, a virada teológica manifesta-se no interesse acadêmico pela religião e no uso de exemplos religiosos na argumentação filosófica e política. Em contraste com a Teologia da Libertação na América Latina, que era um compromisso religioso com a justiça e foi liderada por padres católicos, o que se vê na Europa é uma teologia do discurso.

O trabalho mais significativo aqui é o de Debray, que em *Le feu sacré* (2003) e *Deus, um itinerário* (2004) dedicou seu talento literário a pesquisas acadêmicas originais sobre as estruturas narrativas judaico-cristãs, os "procedimentos de memorização, deslocamento e organização", e a reacender a fé ao redor do mundo[19]. Mas Debray já havia desenvolvido esses temas em *Critique of Political Reason* [Crítica à razão política] (1981-1983), em que faz considerações sobre o inconsciente religioso na política e nas formas políticas do sagrado; na verdade, ele começou seus estudos religiosos com uma biografia sobre o papa Gregório, do século XI, um trabalho que ele leu enquanto esteve preso como revolucionário na pequena cidade boliviana de Camiri, onde os textos cristãos eram a única leitura permitida[20].

Alain Badiou, filósofo, ex-maoista e militante ainda ativo da extrema-esquerda, refere-se a uma velha relação poética e pessoal com são Paulo, para quem se volta em sua "busca por uma nova figura militante, demandada para suceder àquela cujo lugar Lenin e os bolcheviques ocuparam". O apóstolo de Badiou supostamente estabeleceu as "fundações do universalismo" em sua Epístola aos Gálatas: "Não há mais judeu nem grego, não há mais escravo nem livre, não mais homem nem mulher"[21]. Slavoj Žižek, por sua vez, elaborou um paralelo entre Paulo e Lenin em três pares de guias: Cristo/Paulo, Marx/Lenin e Freud/Lacan. Mas o ponto principal em *On Belief* [Sobre crer] (2001) é a defesa do valor ético autêntico da crença incondicional – mais política do que religiosa –, que não faz compromissos e inclui o que Kierkegaard chamou de "a suspensão religiosa da ética". Assim, a impiedade de Lenin e dos fundamentalistas religiosos radicais é apresentada como admirável. *O livro de Jó* também se tornou uma questão fascinante para Žižek, "talvez a primeira crítica moderna da ideologia"[22]. Enquanto isso, em *Império*, Michael Hardt e Antonio Negri

---

18 Régis Debray, *Le feu sacré* (Paris, Fayard, 2003).

19 Idem, *God: An Itinerary* (Londres, Verso, 2004). [Ed. bras.: *Deus, um itinerário*, São Paulo, Companhia das Letras, 2004.]

20 Idem, *Critique of Political Reason* (London, Verso, 1983).

21 Epístola aos Gálatas 3,28, citado em Alain Badiou, *São Paulo: a fundação do universalismo* (São Paulo, Boitempo, 2009), p. 16.

22 Slavoj Žižek e Glyn Daly, *Conversations with Žižek* (Cambridge, Polity, 2004), p. 161. [Ed. bras.: *Arriscar o impossível: conversas com Žižek*, São Paulo, Martins, 2006.]

defenderam como iluminação para a "vida futura da militância comunista" o exemplo religioso mais moderado de são Francisco de Assis[23]. Em seu estilo sóbrio, Jürgen Habermas também mostrou respeito pela religião: "Se palavras melhores para o que a religião pode dizer não são encontradas no discurso racional, isso [sua razão comunicativa] vai [...] coexistir sobriamente com a anterior, sem apoiá-la ou combatê-la"[24]. Habermas foi além, aceitando a afirmação de que sua concepção da linguagem e da ação comunicativa "se nutrem do legado da cristandade"[25]. "A meu ver", escreve, "os conceitos básicos da ética filosófica [...] não conseguem apreender todas as intuições que já encontraram expressão mais matizada na linguagem da Bíblia"[26].

Enquanto a União Soviética vinha abaixo, o filósofo marxista alemão Wolfgang Fritz Haug, um admirador dedicado das tentativas de reforma de Gorbachev, sentou-se para ler o original grego de *A cidade de Deus*, de Agostinho*, uma grande reflexão teológica sobre a queda de Roma[27]. O mesmo trabalho é mencionado por Hardt e Negri, que com suas acrobacias estilísticas típicas fundem o Pai da Igreja com os Wobblies ou IWW** estadunidenses do início do século XX ("Dessa perspectiva, o IWW é o grande projeto agostiniano dos tempos modernos"[28]). Essa fascinação disseminada pela religião e pelos exemplos religiosos, principalmente cristãos, pode ser vista como sinal de um clima cultural mais amplo, para o qual "pós-modernidade" parece servir como um bom rótulo. À medida que o futuro alternativo desaparece ou perde o brilho, o que importa são as raízes, a experiência e o contexto. Uma educação europeia clássica, uma formação num ambiente não secular, e uma Idade Média a uma distância segura de reivindicações de fé tornam a cristandade uma experiência histórica natural que deve ser observada.

Mais recentemente, Terry Eagleton, um teórico literário e cultural marxista obstinado e impenitente, retornou ao catolicismo de esquerda de sua juventude, defendendo a cristandade contra os ataques ateus e, em ressonância com a Teologia da Libertação latino-americana, escrevendo sobre Cristo e os Evangelhos à luz da questão da revolução social[29].

---

[23] Michael Hardt e Antonio Negri, *Empire* (Cambridge, MA, Harvard University Press, 2000), p. 413. [Ed. bras.: *Império*, 9. ed., Rio de Janeiro, Record, 2010.]

[24] Jürgen Habermas, *Religion and Rationality* (Cambridge, MA, MIT Press, 2002), p. 24.

[25] Ibidem, p. 160.

[26] Ibidem, p. 162.

* Agostinho, *A cidade de Deus* (12. ed., Petrópolis, Vozes, 2010, 2 v.). (N. T.)

[27] Wolfgang Fritz Haug, comunicação pessoal.

** Apodo de Industrial Workers of the World (Trabalhadores Industriais do Mundo). (N. T.)

[28] Michael Hardt e Antonio Negri, *Empire*, cit., p. 207.

[29] Ver seu "Lunging, Flailing, Mispunching", *London Review of Books*, 19 out. 2006, e sua introdução a *The Gospels*, da coleção *Revolutions!* (Londres, Verso, 2007).

Esse gênero teológico notável entre parte da esquerda intelectual europeia foi corroborado recentemente pelo tratamento abrangente que Roland Boer dedicou aos "marxistas bíblicos" e à adesão marxista à religião, de Gramsci e Bloch a Eagleton e Žižek[30].

O futurismo norte-americano

Nos Estados Unidos, muito mais religiosos, não há evidências de uma virada teológica à esquerda comparável. Lá, a Bíblia é mais ou menos monopolizada pela direita, apesar de a esquerda afro-americana ainda ter pregadores políticos influentes, como Jesse Jackson e teólogos como Cornel West, que se apresenta como um "cristão tchekhoviano"[31]. Enquanto esquerdistas europeus se reportam aos ícones cristãos do passado, seus camaradas norte-americanos olham cada vez mais para o futuro – as projeções de curto prazo nunca foram tão positivas para a esquerda norte-americana. Além do mais, entre suas mentes mais brilhantes, as expectativas para o futuro sobreviveram ao ataque furioso do pós-modernismo e ao colapso do comunismo e levaram a um novo futurismo. Há duas correntes significativas, mas a que mais se destaca é um novo utopismo; a outra é sistêmica e apocalíptica.

Na última década, uma variedade de pensadores radicais norte-americanos dedicou sua inteligência crítica e energia criativa para a utopia. Enquanto esperam o surgimento de novas formas de organização política, "não há alternativa para a utopia", como afirmou Fredric Jameson numa contribuição magistral, em que analisa a fantasia e a escrita utópicas com seu brilhantismo crítico característico, sua erudição e suas associações de alcance galáctico[32]. A utopia cumpre hoje uma função política fundamental, enfatiza Jameson, "ela nos força precisamente a nos concentrar na própria ruptura [utópica]: uma reflexão sobre o impossível, sobre o irrealizável em seu próprio direito"[33].

Jameson é apenas o expoente mais recente de um arco espetacular de utopismo criativo nos Estados Unidos, no qual se situa num dos polos, focando o "desejo" utópico, sua "perturbação" do futuro e suas formas literárias, sobretudo a ficção científica. No outro polo, o sociólogo Erik Olin Wright lançou o projeto *Real Utopias* [Utopias Reais] no começo dos anos 1990, uma abrangente iniciativa coletiva de planejamento radical de engenharia social e economia normativa formalizada –

---

[30] Roland Boer, *Criticism of Heaven: On Marxism and Theology* (Leiden, Brill, 2007).

[31] George Yancy (org.), *Cornel West: A Critical Reader* (Oxford, Blackwell, 2001), p. 347.

[32] Fredric Jameson, *Archaeologies of the Future* (Londres, Verso, 2006), p. xii. [Ed. esp.: *Arqueologias del futuro*, Madri, Akal, 2009.]

[33] Ibidem, p. 232.

um gênero diferente do de Jameson, mas não tanto quanto sugerem seus estilos contrastantes. Ambos são fascinados pela imaginação utópica, um como analista da *ficção* científica e outro como escritor e promotor da ficção *científica* (social). Até o momento, o projeto *Real Utopias* produziu cinco livros, e o próprio Wright está escrevendo uma conclusão estratégica ambiciosa, que propõe um entendimento do socialismo como "uma alternativa ao capitalismo, como um processo de empoderamento social sobre o Estado e a economia", e será publicada com o título de *Envisioning Real Utopias* [Vislumbrando utopias reais][34].

Apesar de sua escala impressionante e de sua postura desafiadora contra os ventos do tempo, a intenção do projeto pode parecer estranha, de certa forma, em particular para os norte-europeus. As seções sobre economia são de uma utopia clássica em suas evocações abstratas de uma sociedade boa e abstenção geral de um pensamento estratégico sobre como a sociedade atual pode ser mudada. Mas, por outro lado, eles são muitas vezes incrivelmente modestos, talvez modestos demais, em seus objetivos. John Roemer, por exemplo, apresenta um engenhoso esquema para o socialismo de mercado, uma sociedade de mercado em que os direitos de propriedade são investidos em cidadãos portadores de ações. Ao mesmo tempo, avalia que a redistribuição por tributação, implantada nos países nórdicos, é muito radical: "Duvido que amplas sociedades heterogêneas aceitem, em nossos tempos, redistribuir renda tanto quanto o sistema de taxação das sociedades nórdicas"[35]. Num livro dedicado aos esquemas de renda básica e "subsídio de *stakeholders*" para todos os jovens adultos, uma voz crítica (também norte-americana) conclui, a partir de uma comparação com a Suécia atual: "O Estado de bem-estar social totalmente desenvolvido tem prioridade sobre a renda básica, porque faz o que a renda básica não pode fazer: garante que certas necessidades humanas específicas sejam atendidas"[36]. Como utopismo, o aspecto político do projeto é mais inovador no sentido em que apresenta e discute, teoricamente e em diferentes vozes, quatro experiências reais com a democracia participativa, de Chicago à Bengala Ocidental[37].

---

[34] Joshua Cohen e Joel Rogers (orgs.), *Associations and Democracy* (Londres, Verso, 1995); John Roemer (org.), *Equal Shares: Making Market Socialism Work* (Londres, Verso, 1996); Samuel Bowles e Herbert Gintis (orgs.), *Recasting Egalitarianism: New Rules of Accountability and Equity in Markets, States and Communities* (Londres, Verso, 1998); Archon Fung e Erik O. Wright (orgs.), *Deepening Democracy: Institutional Innovations in Empowered Participatory Governance* (Londres, Verso, 2003); Bruce Ackerman, Anne Alstott e Philippe van Parijs (orgs.), *Redesigning Distribution* (Londres, Verso, 2006); Erik O. Wright, "Compass Points", *New Left Review*, Londres, Verso, n. 41, set.-out. 2006.

[35] John Roemer, "A Future for Socialism", em J. Roemer (org.), *Equal Shares*, cit., p. 37.

[36] Barbara Bergmann, "A Swedish-Style Welfare State or Basic Income? Which Should Have Priority?", em Ackerman et al. (orgs.), *Redesigning Distribution*, cit., p. 141.

[37] Ver Archon Fung e Erik O. Wright (orgs.), *Deepening Democracy*, cit.

O geógrafo e historiador urbano David Harvey ensaiou um audacioso "utopismo dialético" em *Espaços de esperança* (2000). A superação que propõe para o hiato entre a dialética histórica marxiana e as construções utópicas do século XIX pode não convencer os que são em princípio condescendentes. Embora a globalização centrada nos Estados Unidos esteja em "desordem", as discrepâncias entre as promessas ideológicas e os resultados econômicos, ou "dificuldades" criadas pela exterioridade do mercado, dificilmente podem ser consideradas contradições no sentido marxiano de interdependências e incompatibilidades estruturais[38]. No entanto, a "correção" teórica é uma questão menor aqui. Harvey, que ainda ensina com orgulho *O capital* de Marx, apresenta alguns princípios utópicos para "arquitetos insurgentes em ação" e, inspirando-se em Bellamy, acrescenta uma marcha utópica através de Baltimore em 2020, sobre a qual ele reflete de forma autocrítica[39]. Tempos atrás, em seus momentos mais difíceis, o marxismo da Europa Central produziu uma obra-prima singular sobre o pensamento e a "consciência antecipatória" utópica, os três volumes de *O princípio esperança*, de Ernest Bloch, publicado na Alemanha em 1954, mas escrito bem antes. No contexto atual, porém, o gênero não prosperou no lado oriental do Atlântico.

Nos anos 1990, quando a maioria das pessoas que discutiam as "transições" refletia sobre a virada da Europa Oriental do socialismo para o capitalismo, veio a mensagem de Binghamton (Nova York) de que o mundo estava, de fato, passando do capitalismo para algo diferente, cujo caráter ainda era incerto. "Estamos vivendo uma transição do nosso sistema mundial, a economia mundial capitalista, para outro sistema mundial ou sistemas", proclamou Immanuel Wallerstein em *Utopística*, um trabalho que definiu seu objetivo como uma "avaliação sóbria, racional e realista dos sistemas sociais humanos, as coerções que podem sofrer e as zonas abertas à criatividade humana"[40].

Giovanni Arrighi, na época também em Binghamton, desenvolveu um projeto de pesquisa paralelo que chegou a conclusão semelhante, se não mais

---

[38] David Harvey, *Spaces of Hope* (Edimburgo, Edinburgh University Press, 2000), p. 193-4. [Ed. bras.: *Espaços de esperança*, São Paulo, Loyola, 2005.]

[39] Levando em conta a rica fascinação norte-americana com as utopias, deveríamos atentar para o exemplar de 2000 do *Socialist Register* sobre as utopias necessárias e desnecessárias e a cativante história das utopias orientais e ocidentais e de suas passagens em Susan Buck-Morss, *Dreamworld and Catastrophe: The passing of Mass Utopia in East and West* (Cambridge, MA, MIT Press, Londres, 2002).

[40] Immanuel Wallerstein, *Utopistics* (Nova York, The New Press, 1998), p. 35, 1-2. [Ed. bras.: *Utopística*, Petrópolis, Vozes, 2003.] Um projeto de pesquisa coletivo resumiu o caráter dos tempos nos mesmos termos; ver Terence Hopkins e Immanuel Wallerstein (orgs.), *The Age of Transition: Trajectory of the World-System 1945-2025* (Atlantic Heights, Zed Books, 1996).

dramática. Em sua leitura da história do sistema mundial, Arrighi via três possíveis resultados da "crise corrente no regime de acumulação"[41]: em primeiro lugar, os "antigos centros" encerraram a história capitalista "com a formação de um império mundial verdadeiramente global"; em segundo lugar, um novo protetor está surgindo, mas sem a necessária "aptidão estatal e bélica", do qual o "capitalismo (o 'antimercado') se reduziria até acabar"; e, em terceiro lugar, "a história capitalista chegou ao fim" quando foi queimada "nos horrores (ou glórias) da violência crescente". Um elemento crucial do sistema mundial, dessa perspectiva, é o papel de seu *hegemon* econômico e político. O titular atual, os Estados Unidos, está em decadência irreversível desde 1970. Como no passado, a atual expansão financeira do capitalismo é uma expressão e um veículo para uma profunda crise da hegemonia existente do sistema mundial. O capitalismo é ameaçado de dois lados: pelo fortalecimento de longo prazo do poder dos trabalhadores – através da desruralização e da proletarização global – e pelo enfraquecimento dos Estados e de sua capacidade de proteger o capital e servir de mediação social, um resultado da deslegitimação e do descrédito do reformismo de Estado (que Wallerstein chama de "liberalismo").

Segundo Wallerstein, o principal mecanismo pelo qual os capitalistas conseguiram limitar a "pressão política" causada pelas tendências históricas seculares para o aumento da força da classe trabalhadora – entre outras coisas, através da democratização – foi "a transferência de determinados setores para outras regiões do mundo, que pagam, em média, salários mais baixos". Mas "o problema é que, após quinhentos anos, há poucos lugares para onde fugir"[42]. Aqui, Wallerstein dá um novo sentido ao argumento de Rosa Luxemburgo, de 1913, sobre a quebra do capitalismo: "O capitalismo precisa de organizações sociais não capitalistas como base para o seu próprio desenvolvimento, [mas] ele procede pela assimilação das mesmas condições que, sozinhas, podem garantir sua existência"[43]. Na época, Luxemburgo referia-se às áreas não capitalistas como mercados exportadores e fornecedores provedores de alimentos baratos.

Nenhuma dessas teses teve ampla aceitação, nem mesmo na esquerda, apesar do respeito geral a seus autores. O argumento mais tangível, mas

---

[41] Giovanni Arrighi, *The Long Twentieth Century* (Londres, Verso, 1994), p. 355-6. [Ed. bras.: *O longo século XX*, Rio de Janeiro, Contraponto, 2006.]

[42] Immanuel Wallerstein, *The Decline of American Power: the US in a Chaotic World* (Londres, W. W. Norton, 2003), p. 59 e 228. [Ed. bras.: *O declínio do poder americano*, Rio de Janeiro, Contraponto, 2004.]

[43] Rosa Luxemburgo, *The Accumulation of Capital* (Londres, Routledge/Kegan Paul, 1963), p. 446. [Ed. bras.: *A acumulação de capital*, 3. ed., Rio de Janeiro, Zahar, 1983.]

dificilmente o mais convincente, é a afirmação de que o enfraquecimento do poder dos Estados Unidos após chegar ao auge provocou uma crise sistêmica do capitalismo mundial. As últimas formulações de Arrighi foram bem menos apocalípticas, e uma hegemonia pós-Estados Unidos tornou-se mais plausível diante do crescimento contínuo da China e da emergência da Índia como um ator importante. A importância histórica indiscutível de uma corrida entre *hegemons* capitalistas ainda é assumida – desde Fernand Braudel –, em vez de inquestionavelmente defendida diante de uma audiência (ainda) não convencida. O trabalho comparativo de Giovanni Arrighi e Beverly Silver, *Caos e governabilidade no moderno sistema mundial* (1999)*, sobre transições hegemônicas, conclui-se com uma série de proposições plausíveis sobre as possíveis implicações de uma nova virada, mas não prediz um fim necessário ao capitalismo[44]. Wallerstein atém-se à sua perspectiva de transição de longo prazo, mas sua inspiração analítica parece ter se concentrado na geopolítica global dos próximos vinte anos do que na extinção sistêmica[45]. Numa linha comparável, o livro mais recente do economista egípcio Samir Amin, *Beyond US Hegemony?* [Para além da hegemonia dos Estados Unidos?] (2006), é uma análise global sóbria, que traz um pragmático programa geoestratégico de esquerda. O último passo do sistema mundial capitalista para a geopolítica e a geoeconomia foi dado por André Gunder Frank, que durante toda a sua vida foi academicamente herético e iconoclasta: "é melhor esquecer isso [o capitalismo] e continuar nossa investigação sobre a realidade da história universal"[46].

Deslocamentos de classe

O conceito de classe, que antigamente estava entre os mais importantes do discurso de esquerda, deslocou-se nos últimos anos – em parte, ironicamente, por sua derrota na luta de classes capitalista, mas também porque os desenvolvimentos da demografia pós-industrial o desalojaram de sua centralidade teórica ou geográfica. O conceito persiste, mas sem abrigo seguro e com o direito filosófico de existir contestado. Problematizar a identidade de classe como uma

---

* Rio de Janeiro, Contraponto/UFRJ, 2001. (N. E.)

[44] Ver a discussão de Giovanni Arrighi, Robert Brenner e David Harvey, "Tracking Global Turbulence", *New Left Review*, n. 20, mar.-abr. 2003; "Hegemony Unravelling – 1", *New Left Review*, Londres, Verso, n. 32, mar.-abr. 2005; "Hegemony Unravelling – 2", *New Left Review*, Londres, Verso, n. 33, maio-jun. 2005.

[45] Por exemplo, ver Immanuel Wallerstein, "Entering Global Anarchy", *New Left Review*, n. 22, jul.-ago. 2003, e "The Curve of American Power", *New Left Review*, n. 40, jul.-ago., 2006.

[46] André Gunder Frank, *ReOrient* (Berkeley, University of California Press, 1998), p. 352.

ação de classe que deriva diretamente da experiência – como Edward Thompson sustentou em *A formação da classe operária inglesa* (1963), uma obra maravilhosa, cuja enorme influência se estendeu por duas décadas – e aponta a importância de interpretações e políticas discursivas antagonistas – como Gareth Stedman Jones e Joan Scott fizeram nos anos 1980 – foi uma maneira de ajustar o foco da análise de classe. Mas, vinte anos depois, dois proeminentes historiadores que participaram da "virada cultural" da história social acharam necessário pleitear com seus colegas o reconhecimento da "persistência de classe como formação pré-discursiva ou não discursiva"[47].

Classe continua a ser a principal categoria descritiva em muitas arenas: na corrente dominante da sociologia; no discurso padrão da desigualdade anglo-saxã, como parte da tríade indispensável de classe, gênero e raça; nos estudos sobre a mobilidade social; nos estudos recentes sobre as práticas culturais e de consumo que foram inspirados em Bourdieu (Mike Savage et al.). Mas a maioria das conexões entre essa corrente descritiva principal, de um lado, e a ação social coletiva e a teorização radical dessa ação, de outro, foi cortada.

A aparência social da classe ficou quase irreconhecível depois que foi jogada no ácido da política pura, como na filosofia política da hegemonia discursiva desenvolvida em *Hegemony and Socialist Strategy* [Hegemonia e estratégia socialista] (1985), de Ernesto Laclau e Chantal Mouffe, talvez a maior contribuição intelectual da teoria política pós-marxista. Assim, por exemplo, Laclau considera que a evocação de classe e luta de classes de Slavoj Žižek é "apenas uma sucessão de afirmações dogmáticas"[48]. O "antagonismo" torna-se um novo conceito fundamental.

A filosofia política de Laclau foi desenvolvida em seu livro *On Populist Reason* [Sobre a razão populista] (2005), que coloca lado a lado seu velho interesse pelo peronismo e pelo populismo latino-americano, sua filosofia política pós-marxista e uma recente imersão em Lacan. Às vezes uma leitura pesada, ela não consegue, como filosofia, fornecer ferramentas para analisar os processos reais de mobilização social ou explicar diferentes decorrências, seja em termos de "povo" ou de "classe". Seu contato com o mundo extramuros é apenas por meio de exemplos selecionados. Mas, além do *Streit der Fakultäen* [conflito das faculdades], existem muitos elementos no trabalho de Laclau que compensam o esforço para penetrar o denso véu do jargão. Embora povos e outras forças sociais não possam ser construídos de modo aleatório – limites com que uma filosofia da "lógica" social tem dificulda-

---

[47] Geoff Eley e Keith Nield, *The Future of Class in History* (Ann Arbor, MI, University of Michigan Press, 2007), p. 194.

[48] Ver Ernesto Laclau, "Structure, History, and the Political" e Slavoj Žižek, "Class Struggle or Postmodernism? Yes Please", em Judith Butler, Ernesto Laclau e Slavoj Žižek (orgs.), *Contingency, Hegemony, Universality* (Londres, Verso, 2000).

des para lidar – é importante ter em mente, como esclarece Laclau, que todos, inclusive as classes, são mobilizados discursivamente, e que o sucesso ou o fracasso dessa mobilização é contingente; que a mudança social trazida por resistência ou insurreição teve um momento político irredutível de articulação e liderança; e que as mobilizações populares dos excluídos, dos explorados ou dos desprivilegiados podem assumir diferentes formas, inclusive fascistas.

Étienne Balibar, o discípulo mais famoso de Althusser, continuou próximo da tradição marxista. Seu importante ensaio "Da luta de classes à luta sem classes?", publicado em 1987 e republicado em 1997*, não respondeu à própria pergunta, de qualquer modo, claramente pós-marxista. Embora enfatize uma "universalidade do antagonismo" mais ampla, Balibar conclui que a "luta de classes pode e deveria ser pensada como *uma* estrutura determinante, que abrange as práticas sociais, mas não é *única*"[49].

À recente filosofia da luta sem classes corresponde a sociologia de classes sem luta. A classe está bem estabelecida – em grande parte, graças à habilidade analítica e à obstinação empírica de John Goldthorpe – como um conceito fundamental dos estudos sobre a mobilidade intergeracional, que se tornou uma subdisciplina tecnicamente avançada, mas intelectualmente isolada. Como categoria de distribuição, a classe mantém seu lugar na sociologia. O discurso da sociologia norte-americana sobre distribuição e desigualdade sempre se refere a "classe, gênero e raça", em ordem alfabética ou não. Uma revista importante sobre saúde pública, com sede na Johns Hopkins, segue com atenção persistente e sistemática as dimensões de classe da saúde (precária) e da mortalidade – o fato de o editor da revista, Vicente Navarro, ter participado do movimento clandestino contra Franco talvez não seja irrelevante.

Ainda não há uma análise global de classe que corresponda aos vários mapas nacionais de classe produzidos pelos marxistas dos anos 1960 e 1970, e esses quadros podem ser seriamente questionados[50]. A nova conexão entre classe, raça e nação, que teve uma longa interrupção após a geração de Lenin e Otto Bauer, é um avanço teórico, mas a ênfase agora é muito diferente[51]. Comparadas com o "racismo contemporâneo", a classe e a emancipação de

---

* Étienne Balibar, "Da luta de classes à luta sem classes?", *Textos didáticos*, n. 20, Campinas, IFCH/Unicamp, 1996. (N. T.)

[49] Idem, *La crainte des masses* (Paris, Galilée, 1997), p. 242; itálicos do original.

[50] Ver, por exemplo, Kees van der Pijl, sobre as relações de classes no Atlântico Norte, *Transnational Classes and International Relations* (Londres, Routledge, 1998); Leslie Sklair, *The Transnational Capitalist Class* (Oxford, WileyBlackwell, 2001); e Beverly Silver, sobre a classe trabalhadora, *Forças do trabalho* (São Paulo, Boitempo, 2005).

[51] Étienne Balibar e Immanuel Wallerstein, *Race, nation, class* (Paris, La Découverte, 1988).

classe não são mais as preocupações principais. Numa análise conceitual tipicamente incisiva, Balibar mostrou a posição curiosamente subdesenvolvida do proletariado em *O capital*, mas não encarou isso como um desafio; sua análise social contemporânea tem focado sobretudo temas como nação, fronteira, cidadania e Europa[52]. Por outro lado, a investida pós-modernista pôs fim às articulações feministas de sexo e gênero apresentadas em relação à classe; como era de se esperar, um balanço recente da "terceira onda feminista" não faz nenhuma referência à classe[53].

A Europa forneceu as origens do conceito e da teoria de classe, que surgiu muito cedo no caminho da Europa para a modernidade, em conflitos internos entre o príncipe, a aristocracia e o alto clero, de um lado, e o Terceiro Estado, a "nação", os plebeus, a burguesia e o povo, de outro. Por seu eurocentrismo contumaz, a teoria marxista nunca reconheceu ou levou em consideração propriamente o fato de que Marx e os socialistas posteriores herdaram um discurso de classe da Revolução Francesa e da economia política da Revolução Industrial inglesa. A mobilização e a política de classe europeia e os movimentos europeus da classe trabalhadora tornaram-se modelos para o resto do mundo. A Europa ainda tem partidos significativos que afirmam representar o trabalho, e os sindicatos ainda são uma força social fundamental. Todavia, em termos de análise e teoria social, o conceito de classe tem se saído muito melhor na América do Norte. O trabalho de Erik Olin Wright tem desempenhado um papel importante para assegurar um lugar legítimo para a análise marxista de classe no interior da sociologia acadêmica. Numa abordagem tipicamente elegante, uma contribuição recente elabora a questão como uma pergunta: se a classe é a resposta, qual é a pergunta? Wright distingue seis tipos de perguntas que têm em geral "classe" como parte da resposta:

– *Localização distribucional*: Como o povo é situado objetivamente na distribuição de desigualdade material?

– *Grupos subjetivamente em destaque*: O que explica como as pessoas, de modo individual e coletivo, situam subjetivamente a si mesmas e aos outros na estrutura de desigualdade?

– *Oportunidades de vida*: O que explica a desigualdade nas oportunidades de vida e nos padrões materiais de vida?

– *Conflitos antagonistas*: Que clivagens sociais moldam sistematicamente os conflitos abertos?

---

[52] Étienne Balibar, *La crainte des masses*, cit., p. 221-50; *Politics and the Other Scene* (Londres, Verso, 2002); *We, the People of Europe?* (Princeton, Princeton University Press, 2004).

[53] Stacy Gillies, Gillian Howie e Rebecca Munford (orgs.), *Third Wave Feminism* (Basingstoke, Palgrave Macmillan, 2004).

– *Variação histórica*: Como deveríamos caracterizar e explicar as variações através da história na organização social das desigualdades?

– *Emancipação*: Que transformações são necessárias para eliminar a opressão e a exploração nas sociedades capitalistas?[54]

Wright define seu próprio trabalho, e o do marxismo em geral, como preocupado, em primeiro lugar, em responder a última pergunta, enquanto as outras abordagens se preocupam com o resto. A pergunta, porém, é formulada de modo notavelmente oblíquo. Não é, por exemplo: qual processo social é crucial para a eliminação da opressão e da exploração capitalistas? À qual a resposta clássica do marxismo é: a luta de classes. Nem, por exemplo: quais são as forças principais que mantêm ou são capazes de mudar e acabar com a opressão e a exploração capitalistas? À qual os marxistas teriam respondido: a burguesia (ou a classe capitalista) e a classe trabalhadora, respectivamente.

Os trabalhos recentes sobre as lutas de classes no mundo tendem a vir da América do Norte. Os que se destacam são o trabalho teoricamente inovador de Beverly Silver em *Forças do trabalho* ou a visão geral da classe trabalhadora na *Socialist Register 2002*. Uma pergunta decisiva para ao futuro do capital e do trabalho no mundo é quão fortes e capazes serão os novos movimentos de trabalhadores urbanos na China, na Índia e nos outros grandes países asiáticos.

Entretanto, também está ocorrendo um deslocamento da classe, ou ao menos uma marginalização, em alguns dos últimos rebentos da análise do sistema mundial, dissimulando-a com perspectivas focadas em continentes e populações continentais. Essa era a implicação do *slogan* tipicamente herético de Gunder Frank, acima citado: “Esqueça o capitalismo”. Giovanni Arrighi é menos provocativo, mas seu último grande trabalho, mais pré- do que pós-marxista, *Adam Smith em Pequim**, está preocupado, em última instância, com as relações “entre povos de descendência europeia e não europeia”, relações que Smith esperava que se tornassem mais iguais e mutuamente respeitosas com o comércio mundial. Não se discute se as novas “relações entre as civilizações” seriam principalmente uma aproximação entre capitalistas, administradores e profissionais através de continentes e civilizações, ou a possibilidade de um novo *slogan* pós-marxista: “Classes altas e médias altas do mundo, uni-vos! Unidas, vocês podem preservar melhor seus privilégios!”.

---

[54] Erik O. Wright (org.), *Approaches to Class Analysis* (Cambridge, Cambridge University Press, 2005).

* Giovanni Arrighi, *Adam Smith em Pequim* (São Paulo, Boitempo, 2008). (N. T.)

Saídas do Estado

Nos anos 1960 e 1970, o Estado era um objeto de disputa importante na teorização marxista. Seu caráter atual, mais rigidamente capitalista, pode tê-lo afastado da curiosidade intelectual, e grande parte do interesse pode ter desaparecido, embora a análise crítica pós-marxista de Claus Offe seja uma exceção significativa[55]. Mas há várias saídas diferentes do Estado.

Em primeiro lugar, poderíamos distinguir o movimento a partir da análise do Estado nacional capitalista e seus modos de controle de classe sobre a rede global. Assumindo que o Estado-nação, ou ao menos sua "soberania", perdeu importância, o interesse político voltou-se para a globalização e para as redes globais "imperiais". Na medida em que isso envolve um passo além do "nacionalismo metodológico"[56], a mudança está garantida. No entanto, as ousadas declarações de perda de soberania do Estado nunca foram discutidas empiricamente. De qualquer perspectiva de mais do que algumas décadas, ela pode ser seriamente questionada. O que era a soberania nacional há cem anos na África, na Ásia ou na América Latina? Como era a soberania nos então novos Estados balcânicos? As barreiras às viagens e à imigração não eram muito maiores há um século? A situação mundial também não pode ser entendida de maneira adequada se antes a posição e a capacidade do Estado-nação dos Estados Unidos não forem seriamente investigadas. Uma análise global dos Estados contemporâneos talvez seja mais proveitosa do que focar um globo sem Estados. Não há lugar aqui para responder a essas perguntas – apenas para dizer que elas não foram respondidas ou colocadas de maneira apropriada pela mudança no centro de gravidade da tendência dominante.

Outra saída do Estado implica uma virada em direção à sociedade civil, como base para a oposição ao controle autoritário e, em visões mais utópicas, como o melhor lugar para novas construções sociais[57]. O velho conceito – cuja distinção do Estado remonta a Hegel – foi ressuscitado pela dissidência anticomunista nos últimos anos da decomposição do comunismo na Europa Oriental. Rapidamente teve acolhida mundial, desde a esquerda até a direita, como referência para muitos movimentos e esforços de autonomia cívica. Na Europa Oriental, o discurso da sociedade civil também teve a função de desviar qualquer discussão séria sobre a economia política e a restauração do capitalismo – até que este último se tornou um *fait accompli* [fato consumado]. A sociedade

[55] Claus Offe, *Modernity and the State* (Cambridge, Polity, 1996).

[56] Ulrich Beck, *Macht und Gegenmacht im globalen Zeitalter* (Frankfurt, Suhrkamp, 2002), cap. 2.

[57] John Keane, *Democracy and Civil Society* (Londres, Verso, 1988).

civil como conceito teve uma carreira mais programaticamente idealista, em vez de avançar nas análises dos padrões variáveis de sociabilidade, associação e conflito coletivo.

Uma terceira saída da teoria do Estado foi feita por um movimento na direção de um nível mais abstrato da filosofia política. A autonomia ou especificidade do político, em relação aos modos de produção e às estruturas de classe, foi o tema central de grandes pensadores. Mais uma vez, um trabalho inspirador foi *Hegemony and Socialist Strategy*, de Laclau e Mouffe, com seu sofisticado tratamento do problema político-filosófico clássico do universalismo e do particularismo, e sua substituição discursiva das lutas hegemônicas de interesses particulares pelas lutas de classes. Extraído de fontes de inspiração filosófica completamente diferentes, a grande teoria de Habermas a respeito da ação comunicativa apresentou um programa normativo de uma política dialógica universalista[58].

Antigos discípulos de Louis Althusser fizeram contribuições de peso à filosofia política radical[59]. Balibar, o mais circunspeto e talvez o mais influente dentre eles, realizou leituras textuais habilitadas para lidar com a filosofia política pré-marxiana (Spinoza, Rousseau, Locke, Fichte) e com a teorização política de antagonismos violentos. Ao lado da política tradicional de esquerda de emancipação e transformação, Balibar tem refletido sobre uma política de "civilidade", regulando "o conflito das identificações"[60]. Aqui a violência parece mais fisicamente tangível e mais ambígua, ou mesmo duvidosa, em significado do que na forma catártica discutida por Sartre e Fanon.

Embora a natureza anticapitalista de seu projeto seja muito explícita e sua erudição filosófica seja respeitável, a filosofia política de Slavoj Žižek parece ser mais uma posição do que uma dedução ponderada. Escritor compulsivamente produtivo e polemista formidável, com um estoque aparentemente inesgotável de exemplos cinematográficos e culturais contemporâneos, Žižek tornou-se uma figura emblemática da iconoclastia radical contemporânea. Seu passado na Eslovênia, durante a era Tito, ex-comunista e convertido a dissidente anticomunista, dá a ele uma formação de esquerda clássica e, ao mesmo tempo, credenciais liberais impecavelmente respeitáveis. Essa com-

---

[58] Jürgen Habermas, *The Theory of Communicative Action* (Boston, Beacon Press, 1984-87, 2 v.). Numa interessante abstenção de argumentar, Laclau e Mouffe tacham de "impossibilidade conceitual" o ideal de Habermas de uma esfera pública não exclusiva do argumento racional. Uma tirania dos conceitos? Ver Ernesto Laclau e Claus Mouffe, *Hegemony and Socialist Strategy* (2. ed., Londres, Verso, 2000), p. xvii.

[59] Jacques Rancière, *Aux bords du politique* (Paris, Gallimard, 1990); Étienne Balibar, *Masses, Classes, Ideas* (Nova York, Routledge, 1994); Alain Badiou, "Politics and Philosophy: An Interview with Alain Badiou", anexo de Alain Badiou, *Ethics* (Londres, Verso, 2001).

[60] Étienne Balibar, *La crainte des masses*, cit., cap. 1.

binação transformou Žižek no único leninista com seguidores apaixonados nos últimos anos[61]. Como a maioria dos outros filósofos radicais, o projeto anticapitalista de Žižek é muito vago; isso provocou uma troca mal-humorada entre ele e Laclau, em que acusavam um ao outro de ter projetos políticos que não eram "absolutamente nada"[62]. Mais digna de nota é a posição política notoriamente ambígua de Žižek. Sua fascinação por Lenin é acompanhada de uma admiração aparentemente análoga à dos "conservadores autênticos", que, como os *tories* do Império Britânico admirados por Kipling, não têm medo de fazer o "trabalho sujo necessário"[63].

A teoria marxista do Estado foi sobretudo uma crítica à democracia capitalista, e o auge de sua agudeza analítica ocorreu quando o capitalismo tentava se abrigar sob a democracia liberal. Desde 1980, não sentiu mais necessidade do manto: afirmou-se à sua própria maneira e procurou reinar explicitamente na democracia liberal, tornando os bancos centrais independentes e tentando restringir as opções de política econômica *a priori* por meio de cláusulas constitucionais ou equivalentes. Sob tal impacto, bem como sob o impacto do discurso da globalização sobre a nova impotência do Estado, o pensamento radical deu cada vez mais atenção aos potenciais da "democracia radical", um projeto lançado pelo filósofo Chantal Mouffe, cuja melhor manifestação é a teoria do direito e da política desenvolvida pelo brasileiro Roberto Mangabeira Unger e pelo português Boaventura de Sousa Santos.

Devemos acrescentar que, enquanto os (pós-)marxistas se afastam do Estado, excelentes contribuições à análise da formação dos Estados nacionais europeus têm sido feitas de diferentes perspectivas por Michael Mann e Charles Tilly[64].

O retorno da sexualidade

A distinção entre sexo (biológico) e gênero (social) foi elaborada primeiramente por Ann Oakley, em 1972, e a questão da construção e da transformação de gênero foi um foco teórico crucial para socialistas e correntes principais do

---

[61] Slavoj Žižek (org.), *Às portas da revolução* (São Paulo, Boitempo, 2005).

[62] Ernesto Laclau, "Structure, History and the Political", em Judith Butler et al. (orgs.), *Contingency, Hegemony, Universality*, cit., p. 206; Slavoj Žižek, "Holding the Place", em ibidem, p. 321.

[63] Slavoj Žižek, *The Ticklish Subject* (Londres, Verso, 1999), p. 236 [ed. port.: *O sujeito incômodo*, Lisboa, Relógio d'Água, 2009]; *Conversations with Žižek*, cit., p. 50-1.

[64] Michael Mann, *The Sources of Social Power* (Cambridge, Cambridge University Press, 1993, v. 2); Charles Tilly, *Coercion, Capital and European States, AD 990–1990* (Oxford, WileyBlackwell, 1990) [ed. bras.: *Coerção, capital e Estados europeus*, São Paulo, Edusp, 1996.]

feminismo nos anos 1970 e 1980[65]. Contudo, a pressuposição de sexo tem sofrido ataques, às vezes de modo similar ao questionamento de qualquer pressuposição não discursiva de classe. A reafirmação intelectual da sexualidade vem da filósofa norte-americana Judith Butler – "sexo por si mesmo é uma categoria generificada"[66] – e das teorizações oriundas do campo de batalha da filosofia e da psicanálise francesas[67]. A própria Oakley reconheceu que a distinção entre sexo e gênero não se sustentava[68]. Politicamente, a pressuposição de sexo tem sido poderosamente desafiada pela homossexualidade assertiva. Esta última alcançou certa presença teórica específica na academia anglo-saxã, sob a bandeira da "queer theory" [teoria homossexual]. Num amplo corpo de teorias, as desigualdades entre homens e mulheres heterossexuais foram encobertas por discursos sobre a homossexualidade e a transexualidade, constituindo novos campos teóricos, porém extremamente minoritários. Mais uma vez, o deslocamento de gênero tem uma notável similaridade com o deslocamento de classe. Embora chamem a atenção para a complexidade humana e social, provavelmente nenhuma tendência é, enquanto deslocamento, uma contribuição útil para a emancipação humana.

A onda do pós-modernismo literário-filosófico no discurso feminista rompeu a maioria dos elos entre a teoria feminista e a esquerda, que anteriormente surgiram sob a liderança do feminismo socialista[69]. As feministas escandinavas, que se orientavam para o Estado de bem-estar social, experimentaram o encontro com o feminismo pós-modernista como um choque[70]. A teórica literária Toril Moi sentiu-se compelida a responder à pergunta "o que é a mulher?" para o meio acadêmico feminista, aparentemente desorientado em relação a essa questão[71]. Também é muito interessante que o feminismo tenha hoje mais destaque que a esquerda no mundo euro-americano.

O retorno da sexualidade também é patente na atual filosofia marxista e pós-marxista, em sua preocupação voraz com a psicanálise. Žižek teve treinamento lacaniano; um trabalho recente de Laclau sobre o populismo parece muito in-

---

[65] Ann Oakley, *Sex, Gender and Society* (Londres, MT Smith, 1972).

[66] Judith Butler, *Gender Trouble* (Nova York, Routledge, 1990), p. 7.

[67] Kelly Oliver, *French Feminism Reader* (Oxford, Rowman & Littlefield, 2000); Dani Cavallaro, *French Feminist Theory: An Introduction* (Londres, Continuum, 2003).

[68] Ann Oakley, "A Brief History of Gender", em Ann Oakley e Juliet Mitchell (orgs.), *Who's Afraid of Feminism?* (Londres, Continuum, 1997), p. 29-55.

[69] Ver Ann Oakley e Juliet Mitchell (orgs.), *Who's Afraid of Feminism?*, cit. Para uma leitura materialista de sexo, gênero e relações reprodutivas no século passado ver Göran Therborn, *Sexo e poder*, cit.

[70] Hildur Ve e Karin Waerness, comunicação oral.

[71] Toril Moi, *Sex, Gender and Body* (Oxford, Oxford University Press, 2005).

teressado no *objet petit a** de Lacan e outras questões do mestre. Tardiamente, Balibar seguiu os passos de seu professor, Althusser, nos estudos de Freud e Lacan – por exemplo, em seu "Three Concepts of Politics" [Três conceitos de Política] –, embora de forma cautelosa e seletiva[72].

Homenagem às redes

A teoria sociológica clássica do século XIX concentrou-se nas formas de conectividade social, distinguindo "associação" de "comunidade". A sociologia de meados do século XX concentrou-se no "grupo", quer "primário", quer "secundário", e nas organizações. Mais recentemente, a *rede* substituiu o conceito de estrutura ou organização na teoria social. As análises da conectividade social tiveram origem na psicologia social, sobretudo nos estudos "sociométricos" sobre as amizades estabelecidas em ambiente escolar e nos estudos sobre a comunidade no pós-guerra, realizados por antropólogos e sociólogos da família. O conceito também foi usado em estudos norte-americanos sobre a difusão de ideias. A partir dos anos 1960, foi utilizado para desenvolver modelos matemáticos para acesso, difusão e estruturas de poder num número crescente de áreas, desde cadeia de oportunidades [*vacancy chains*] aos contatos sexuais e padrões de cidades globais. As figuras teóricas-chave têm sido Harrison White e seus alunos[73]. A noção de rede atingiu um público mais amplo nos anos 1980, com os estudos de negócios e administração que tentavam apreender e generalizar o sucesso da Toyota e outras corporações japonesas. Mais um interesse foi estimulado, é claro, pela revolução eletrônica e pela internet. Michael Mann fez de "redes de interação" um conceito central, embora livremente usado, no seu trabalho monumental sobre poder, com vistas a evitar qualquer noção de "sociedade" sistêmica ou restrita[74].

As redes são mais dissolutas e mais abertas que os grupos e as organizações. Elas se focam mais em atores individuais e seus recursos do que as coletividades constituídas, e criam canais tanto para mercados quanto para burocracias, movimentos e classes. Como tal, as redes são importantes conexões sociais que unem sistemas sociais complexos, fragilmente interligados. Sua ascensão ao palco

---

* Objeto de desejo inalcançável. (N. T.)

[72] Étienne Balibar, *Masses, Classes, Ideas*, cit., cap. 7; *Politics and the Other Scene*, cit.

[73] Harrison White, *Identity and Control* (Princeton, Princeton University Press, 1992); James Rule, *Theory and Progress in Social Science* (Cambridge, Cambridge University Press, 1997), cap. 5.

[74] Michael Mann, *Sources of Social Power* (Cambridge, Cambridge University Press, 1986). Dois volumes foram publicados até agora.

principal da teoria e da análise social contemporânea deveria ser vista não apenas como uma derivação de uma descoberta intelectual, mas também como indicação de mudanças nas relações sociais. Foi o sociólogo pós-marxista Manuel Castells que articulou a "sociedade em rede" num trabalho de análise social magistral, partindo de novas concepções de administração e tecnologia da informação, sem tentar relacioná-la com a teoria sociológica anterior[75]. Desde então, tornou-se um conceito analítico fundamental no influente empreendimento neo-marxista de Hardt e Negri – *Império* (2000) e *Multidão* (2004) –, em que a soberania global e sua oposição são apresentadas como redes de poderes. Por outro lado, embora seja crucial para a teorização social pós- e neomarxista, a "rede", por si só, não tem afiliação política. Nem foi submetida a uma crítica analítica ou a um exame detalhado de sua relativa capacidade e dos limites de sua indubitável fertilidade. É um conceito ainda em sua imperturbável lua de mel.

As economias políticas

O "marxismo ocidental" sempre tratou a economia política com certa distância e não surpreende que tenha se ampliado nas últimas décadas. Há exceções à regra, entre elas as análises de economia mundial com orientação ecológica de Elmar Altvater[76]. Até sua morte prematura alguns anos atrás, Egon Matzner deu continuidade à tradição marxista clássica de análise econômica praticada na Europa Central. O radicalismo anglo-saxão, em contraste, sempre abrigou uma corrente forte de economia política crítica, tanto marxista como não marxista. Embora o forte e determinado engajamento dos neorricardianos de esquerda com a economia liberal – o debate entre Cambridge (Inglaterra) e Cambridge (Massachusetts) sobre a teoria do capital, ocorrido nos anos 1960 – pareça não ter tido nenhum efeito prático duradouro sobre a dominação e a autoconfiança do liberalismo, a economia política radical no mundo anglo-saxão ainda é muito produtiva. Suas maiores realizações nos últimos anos tenderam a derivar de uma criativa fecundação mútua entre economia e história, economia e ciência política, economia e filosofia.

A análise do sistema mundial – conscientemente heterodoxa – tem sido uma força vital para a análise social crítica. Desenvolvida desde meados dos anos 1970 por Wallerstein e outros – e no momento prolongada em novas direções por Arrighi –, ela também mostrou que interessa a acadêmicos de

[75] Manuel Castells, *The Information Age: Economy, Society and Culture* (Oxford, WileyBlackwell, 1996-98, 3 v.). [Ed. bras.: *Era da informação*, São Paulo, Paz e Terra, 2007, 3 v.]

[76] Por exemplo, Elmar Altvater, *Der Preis des Wohlstands oder Umweltplünderung und neue Welt(un)ordnung* (Münster, Westfalisches Dampfboot, 1992).

fora da escola, e frequentemente em desacordo com ela. Embora iniciada por sociólogos, a análise é predominantemente econômica e histórica; a atenção que dedica às relações globais de poder dá a ela uma dimensão política crucial. Até agora, provou ser uma abordagem mais frutífera do que as imersões recentes nas teorias da globalização. Com um senso único dos próprios limites na história, Wallerstein já avisou a seus seguidores e colaboradores que o projeto está chegando ao fim; a base para a predição foi precisamente seu grau de sucesso e reconhecimento implícito como análise global viável[77]. Poderíamos acrescentar que, uma vez que o mundo foi reconhecido como o foco principal da análise social, se não o mais importante, é de se esperar que surjam muitas abordagens diferentes dos estudos globais.

As teses de Arrighi e Wallerstein sobre o fim iminente do capitalismo foram citadas acima. Duas outras grandes combinações de economia e história, muito mais realistas, evitam teses ou especulações de mudanças históricas de poder. Robert Brenner, que fez nome com uma análise das origens do capitalismo tão surpreendente e iconoclástica que gerou "o debate Brenner", discutido no capítulo 2, produziu agora uma história econômica do capitalismo avançado no pós-guerra, *The Economics of Global Turbulence* [A economia da turbulência global] (2006)[78]. As forças analíticas condutoras aqui – potencializadas por uma riqueza de detalhes empíricos e suas vicissitudes temporais – são a tendência à sobreprodução e à diminuição das taxas de lucro. De Oxford, Andrew Glyn tem oferecido uma visão sucinta e muito clara dos desenvolvimentos capitalistas recentes e seus efeitos sobre o bem-estar humano[79]. Brenner prevê uma turbulência contínua; Glyn vê cada vez menos perspectivas para os trabalhadores dos países ricos e termina questionando o significado do crescimento posterior, optando por aquela curiosa utopia da resignação: a "renda básica".

Recentemente, Arrighi retornou à grande obra de Adam Smith sobre o novo significado da China, o supracitado *Adam Smith em Pequim*. Numa releitura convincente de *A riqueza das nações**, Arrighi mostra como Smith, o economista de mercado, estava envolvido com Smith, filósofo moral do Iluminismo preocupado com a justiça global. Em segundo lugar, Arrighi argumenta que o fracasso do projeto para um novo século norte-americano e a ascensão da China trouxeram "mais do que nunca" o mundo para mais perto da igualdade

[77] Immanuel Wallerstein, "The Rise and Future Demise of World-Systems Analysis", *Review*, v. 21, n. 1, 1998.

[78] Ver T. H. Aston e C. H. E. Philpin (orgs.), *The Brenner Debate*, cit.; Robert Brenner, *The Economics of Global Turbulence* (Londres, Verso, 2006).

[79] Andrew Glyn, *Capitalism Unleashed* (Oxford, Oxford University Press, 2006).

* Adam Smith, *A riqueza das nações* (São Paulo, Martins Fontes, 2003). (N. T.)

entre nações e civilizações. Não só por causa do tamanho e da velocidade do crescimento econômico chinês, mas por seu caráter, guiado pelas oportunidades de mercado, sem privação dos produtores diretos no campo e pelo trabalho intenso e barato, porém saudável e instruído.

A economia chinesa decolou no fim dos anos 1970 com a produção agrícola familiar e empresas de vilas e distritos voltadas para o mercado (doméstico), sem privar a população rural dos meios de produção, o que é um caminho de desenvolvimento diferente daquele do capitalismo europeu. Mas é duvidoso que autorize as extrapolações históricas e contemporâneas de Arrighi. Partindo de uma análise da China atual, Arrighi defende que "a separação entre os produtores agrícolas e os meios de produzir sua subsistência [...] mais parece ser *consequência* da destruição criativa do capitalismo [...] do que uma de suas precondições"[80], como também fez Brenner. O triunfo atual da manufatura chinesa parece se basear no trabalho de uma classe trabalhadora despossuída, às vezes em condições semelhantes ao trabalho escravo, ao mesmo tempo que a educação e a saúde nas zonas rurais estão fracassando, ao menos em certa medida, em razão da introdução de taxas que as tiraram do alcance dos pobres. Arrighi realizou um *tour de force*, mas no século XXI é muito mais difícil vender modelos nacionais de economia política progressista.

Um projeto recente e muito ambicioso em Santa Fé tenta produzir uma economia política radical pela aproximação da economia e da ciência política. Até o momento, seu principal resultado foi o livro *Globalization and Egalitarian Redistribution* [Globalização e redistribuição igualitária], organizado por Pranab Bardhan (economista de Berkeley), Samuel Bowles (economista e diretor do Programa de Ciências do Comportamento do Instituto de Santa Fé) e Michael Wallerstein (cientista político de Yale). Apesar de todas as equações e diagramas, as "lições" desse trabalho sobre as possibilidades de políticas redistributivas num contexto de restrições globais – bastante substancial, concluem os organizadores – podem não ser tão novas. Mas isso é digno de nota por duas outras razões: em primeiro lugar, o poder de sua modelagem política e econômica, sobre o qual um participante, Adam Przeworski, provou ser magistral, dentro de um enfoque explicitamente marxista; e, em segundo lugar, o generoso apoio da corrente econômica dominante – Fundação Russell Sage – para um projeto sobre a "Desigualdade persistente num mundo competitivo".

O principal intermediário entre economia e política é provavelmente Amartya Sen, mas há muitas interfaces entre a filosofia analítica e a economia analítica. A mudança de John Roemer da economia matemática para a "ética econômica radical" – de *A General Theory of Exploitation and Class* [Uma teoria geral da exploração e classe] (1982) para *Theories of Distributive Justice* [Teorias

---

[80] Giovanni Arrighi, *Adam Smith em Pequim*, cit., p. 102.

da justiça distributiva] (1996) – é uma trajetória interessante e, do ponto de vista da esquerda, honorável. Economia e sociologia são postas lado a lado em *As estruturas sociais da economia*, um dos últimos grandes trabalhos de Pierre Bourdieu. Numa análise penetrante do mercado imobiliário francês, ele aplica alguns de seus conceitos principais, como o "habitus" de disposições e o "campo" de força e conflito, tanto à pesquisa empírica quanto à crítica teórica generalizante[81]. Em *Banking on Death* [Investindo na morte] e *Age Shock* [Choque etário], Robin Blackburn faz uma ambiciosa releitura de centro-esquerda de uma estratégia de aposentadoria para uma sociedade que está envelhecendo; foi desenvolvida a partir da proposta de Rudolf Meidner de taxar as empresas para financiar o desenvolvimento social[82].

A economia política também abrange o que é chamado com frequência de "economia institucional", não marxista, mas em geral de centro-esquerda. Muitos de seus clássicos modernos afundaram na lava neoliberal: Ragnar Frisch, Gunnar Myrdal, Jan Tinbergen. Mas sob o panteão ainda há uma vibrante subcultura da economia institucional crítica. Em seus principais centros (Grã-Bretanha e França), ela é ainda amplamente situada na economia, mas também se beneficia de elementos da pesquisa sociológica. Na França, a escola principal é a da "teoria da regulação"; seus maiores representantes são Michel Aglietta, Robert Boyer e Antoine Rebérioux[83]. Na Grã-Bretanha, o pós-marxista Geoffrey Hodgson voltou a considerar as relações entre a economia e a história, assim como a teoria da evolução[84].

Repertório de posições

A teorização social é relacionada ainda – na verdade, comprometida – com posições políticas específicas, e uma história sociológica do campo deve dar conta disso, ao mesmo tempo que evita duas tentações, a da apologia e a da denúncia.

---

81 Pierre Bourdieu, *Les structures sociales de l'économie* (Paris, Seuil, 2000). [Ed. port.: *As estruturas sociais da economia*, Lisboa, Instituto Piaget, 2001.]

82 Robin Blackburn, *Banking on Death* (Londres, Verso, 2002); *Age Shock: How Finance is Failing Us* (Londres, Verso, 2006).

83 Michael Aglietta e Antoine Rebérioux, *Corporate Governance Adrift* (Cheltenham, Edward Elgar, 2005); Robert Boyer e Yves Saillard (orgs.), *Théorie de la régulation* (Paris, La Découverte, 1995); J. R. Hollingsworth e Robert Boyer (orgs.), *Contemporary Capitalism: The Embeddedness of Institutions* (Cambridge, Cambridge University Press, 1997).

84 Geoffrey Hodgson, *After Marx and Sraffa* (Basingstoke, Palgrave Macmillan, 1991); Geoffrey Hodgson, Makoto Itoh e Nobuharu Yokokawa, *Capitalism in Evolution* (Cheltenham, Edward Elgar Publishing, 2001).

Figura 3.1. Posições teórico-políticas da esquerda atual

A Figura 3.1 distingue dois polos, em relação aos quais a política do pensamento de esquerda poderia ser situada. Um é o teórico: Marx e o marxismo, como tradição intelectual. O outro é político: o socialismo, cujo objetivo é uma ordem social muito diferente do capitalismo. ("Socialismo" também tem significados vagos, mas não cabe discuti-los aqui.) Os dois eixos formam um sistema de coordenadas, que pode ser empregado como um aparato heurístico de pesquisa, embora os resultados não devam ser vistos como um roteiro rígido.

O diagrama deve ser visto, é claro, como um mapa aproximativo, que procura indicar as posições relativas de maneira correta, mas não informa as escalas. O que mostra é, em primeiro lugar, que a teoria e a política são duas dimensões diferentes, mesmo entre teóricos sociais politicamente engajados. Em segundo lugar, sugere uma nova distância do socialismo, no sentido de um tipo de sociedade distinto, que pode ser alcançado. Elaborar uma alternativa socialista tornou-se uma preocupação minoritária entre a esquerda intelectual, embora isso não implique, na maioria dos casos, um passo em direção ao invólucro capitalista.

Numa comparação continental, as correntes intelectuais de centro-esquerda na América do Norte, marxistas e não marxistas, tendem a se situar mais à esquerda do meridiano da Figura 3.1 que seus equivalentes europeus. De modo geral, a resistência de um pequeno grupo da esquerda norte-americana destaca-se em comparação com forças maiores na Europa, mas muito mais moderadas e frequentemente desestimuladas. Foram os Estados Unidos que produziram autores intransigentes de *best-sellers* como Noam Chomsky e, mais recentemente, Mike Davis[85]. O *Socialist Register* foi lançado em meados dos anos 1960 como um empreendimento genuinamente britânico, mas agora, no novo milênio, é editado em Toronto. Publicações clássicas dos Estados Unidos, como *Monthly Review* e *Science and Society*, podem ser uma sombra do que foram, mas continuam vivas. A gigantesca cultura acadêmica norte-americana ainda é capaz de sustentar uma série de publicações de esquerda. Os encontros recentes da Associação Sociológica Americana têm sido muito mais radicais que os encontros europeus. (Na verdade, a esquerda acadêmica europeia tem mais oportunidades para práticas extramuros.) A grande "virada à direita" ocorreu mais cedo nos Estados Unidos, com elementos *trotskisantes* dos anos 1940 e 1950 que se tornaram frios combatentes nos anos 1970 e deram origem a uma geração de neoconservadores radicais. O restante da esquerda norte-americana nunca depositou muitas esperanças no futuro imediato e também estava mais distante dos ventos e reverberações da implosão soviética, das derrotas do eurocomunismo e da capitulação do eurossocialismo.

O pós-socialismo

Se a maior parte da esquerda euro-americana tem se caracterizado por certa distância de qualquer socialismo explícito, a elaboração de uma agenda de centro-esquerda tornou-se um projeto específico. As terras áridas do thatcherismo triunfante foram solo fértil para o "pós-socialismo". Uma conquista veio de John Keane e de sua celebração da "sociedade civil", como desprezo à social-democracia e seu "modelo inviável de socialismo administrado pelo Estado", como foi o do "comunismo totalitário"[86]. Nos últimos anos da Guerra Fria, essa posição estava em alta; uma década de miserabilização capitalista de vastas regiões da Europa Oriental após 1989 não mereceu qualquer qualificação ou comentário do autor[87].

Poucos anos depois, o sociólogo Anthony Giddens proclamou seu movimento "além da esquerda e da direita" num livro cheio de desdém thatcherista pela social-democracia e pelo Estado de bem-estar social[88]. Rejeitando rudemente a ideia de que poderia haver uma "terceira via" no sentido esquerdista clássico – entre "socialismo de bem-estar" e "comunismo" –, Giddens preparou o terreno, na ver-

---

85 Noam Chomsky, *Deterring Democracy* (New York, Verso, 1991); Mike Davis, *Planeta favela*, cit.

86 John Keane, *Democracy and Civil Society*, cit., p. 26.

87 Idem, "Introduction to the New Edition", em *Democracy and Civil Society*, cit.

88 Anthony Giddens, *Beyond Left and Right* (Cambridge, Polity, 1994), p. 73 e seg. [Ed. bras.: *Para além da esquerda e da direita*, 2. ed., São Paulo, Unesp, 2005.]

dade, para uma breve, mas ainda inigualável aliança político-teórica pós-socialista, que logo foi chamada de "terceira via". Durante alguns anos, Giddens foi o teorizador oficioso do primeiro-ministro britânico e de seu regime novo-trabalhista, dando brilho intelectual a um partido que havia perdido – ou melhor, cortado – qualquer ligação com a social-democracia de "primeira via", na esteira de uma série de derrotas traumáticas para um inescrupuloso (embora minoritário) neoliberalismo. Por algum tempo, esse projeto estabeleceu uma relação genuína entre a teoria social e a política, embora diferente daquela pressuposta no "triângulo" marxista--socialista discutido anteriormente. Devemos observar que, ao menos na Europa (o Leste Asiático ainda pode ter algum interesse), o poder de atração da terceira via terminou com a *Realpolitik* dos tanques invasores – em contraste com a Tchecoslováquia de 1968, os tanques foram tirados do país e levados para o Iraque, e o governo Blair agiu como uma força de liderança na agressão[89].

À parte a controvérsia ideológica, a defesa que Giddens fez da terceira via seis anos depois é um resumo exemplar – correto, ainda que conciso – do criticismo mais importante que se ergueu contra ele, ao qual ele respondeu com uma ampla gama de referências social-científicas[90]. Ulrich Beck, colaborador esporádico de Giddens, é um democrata radical, para quem o comunismo e o socialismo da "primeira modernidade" europeia são ideias "gastas"[91].

A dissolução do Partido Democrático Italiano em 1998 e sua fusão no Partido Democrático em 2007 constitui, ao menos na forma, uma negação das lições social-democratas ainda maior que o projeto de "Novo Trabalhismo" de Blair e Brown. O teorizador da Corte ainda não deu as caras.

A esquerda não marxista

A social-democracia, de longe o maior componente da esquerda não marxista, produziu poucos teóricos com grandes ambições nos últimos anos. O trabalho do sociólogo sueco Walter Korpi concentra-se amplamente na análise

---

[89] O pós-socialismo também tem uma dimensão geracional. Ralph Miliband morreu em 1994; foi um cientista político marxista proeminente, autor de *The State in Capitalist Society* (1969) [ed. bras.: *O Estado na sociedade capitalista*, Rio de Janeiro, Zahar, 1972]; seu impenitente *Socialism for a Sceptical Age* (1994) [ed. bras.: *Socialismo e ceticismo*, São Paulo, Unesp. 2000] foi publicado postumamente. No mesmo ano, seu filho David, que estava para ser nomeado Secretário de Relações Exteriores, publicou uma antologia, *Reinventing the Left*, em que Giddens apresenta uma agenda pós-socialista.

[90] Anthony Giddens, *The Third Way* (Cambridge, Polity, 1998) [ed. bras.: *A terceira via*, São Paulo, Record, 1999]; *The Third Way and Its Critics* (Cambridge, Polity, 2000) [ed. bras.: *A terceira via e seus críticos*, São Paulo, Record, 2001].

[91] Ulrich Beck, *Risk Society*, cit.; e *Macht und Gegenmacht*, cit., p. 407.

empírica de instituições de política social, mas suas teorizações explanatórias das fontes de poder e das "lutas de classes democráticas", juntamente com sua bem-fundamentada defesa do Estado de bem-estar social, são contribuições importantes para a teoria social[92]. Politicamente, Korpi é um social-democrata fiel. A social-democracia escandinava teve sua cota de derrotas e desmoralizações, sobretudo na Dinamarca. Mas no geral ainda é a principal força de centro-esquerda.

A sociologia francesa permaneceu em geral de "centro-esquerda", mesmo quando a mídia e as principais plataformas intelectuais parisienses se viraram incisivamente para a direita[93]. Durante os anos 1990, a contribuição mais notável foi de Pierre Bourdieu. Longe dos holofotes no auge do marxismo da rue d'Ulm*, Bourdieu construiu uma reputação formidável como pesquisador social, até surgir no fim da vida como o principal porta-voz da esquerda anticapitalista, não apenas na França, mas em toda a Europa. Sua voz poderosa se ergueu contra a "miséria do mundo" capitalista – apesar de não ter defendido o horizonte socialista, também não absolveu a ordem existente[94].

Houve pouco pensamento programático radical entre a social-democracia em geral, desde a ambiciosa – porém politicamente malograda – proposta dos sindicatos suecos de um fundo de trabalhadores, adotada com relutância por algum tempo pelo Partido Social-democrata Sueco. Mais preocupante, contudo, é a ausência de qualquer visão social-democrata significativa na Europa Oriental. Foi, ao contrário, um filósofo jurídico, o brasileiro radicado nos Estados Unidos Roberto Mangabeira Unger, quem teve a ideia de escrever *O que a esquerda deve propor?* – uma resposta a essa mesma pergunta. Seu apelo à pequena burguesia ansiosa por "uma condição de modesta prosperidade e independência" e por um "desejo universal" de "soberania nacional" pode parecer tímido, mas suas propostas de mudança institucional são de grande alcance. São guiadas por cinco "ideias institucionais": poupança doméstica e impostos altos como base para a independência nacional; política social baseada em empoderamento e competência; democratização da economia de mercado e realização de uma

---

[92] Walter Korpi, *The Democratic Class Struggle* (London, Routledge, 1983); Walter Korpi e Joakim Palme, "The Paradox of Redistribution and Strategies of Equality", em *American Sociological Review*, Washington, v. 63, n. 5, out. 1998.

[93] Alain Touraine, *Beyond Neoliberalism* (Oxford, Polity, 2001).

* Rua onde se situa a renomada Escola Normal Superior de Paris. (N. T.)

[94] Pierre Bourdieu et al., *La misère du monde* (Paris, Seuil, 1993) [ed. bras.: *A miséria do mundo*, Petrópolis, Vozes, 2003]; Pierre Bourdieu, *Contre-feux* (Paris, Liber-Raions d'Agir, 1998) [ed. bras.: *Contrafogos*, São Paulo, Zahar, 1998, 2 v.].

"onda crescente de retorno ao trabalho"; responsabilidade universal para zelar pelo trabalho; e uma "política democrática de alta energia"[95].

Os Fóruns Sociais Mundiais, um dos mais importantes e inspiradores desenvolvimentos da política de esquerda no novo milênio, geraram pouca teoria social até agora; entretanto, o estudioso português do direito Boaventura de Sousa Santos tem dado uma contribuição genuína ao tentar analisar e interpretar esse movimento complexo e heterogêneo[96]. Ao mesmo tempo, o tema da desigualdade ou das condições de trabalho sob o capitalismo, há muito tempo essenciais para a esquerda, também foi teorizado de forma radical fora dela. As abordagens contrastantes de Richard Sennett, altamente literárias e descritivas, e Charles Tilly, sempre rigorosas e sistemáticas, são dois exemplos disso[97]. A teoria social radical continua sendo uma grande casa, com muitas portas.

Marxologia e marxismo científico

O quadrante noroeste da Figura 3.1 não está necessariamente vazio. Hoje, mais do que nunca, é logicamente possível abster-se de qualquer prática anticapitalista ou posição ideológica e, ao mesmo tempo, acreditar que Marx é um analista lúcido e intelectualmente estimulante do capitalismo. Com o devido respeito a Burawoy e Wright, tal posição não é necessariamente degenerada, cínica ou pessimista[98]. De todo modo, dado o enraizamento político-cultural da ciência social, era de se esperar que esse campo fosse pouco povoado. O principal exemplo dessa posição é o economista indo-britânico Meghnad Desai, indicado por Tony Blair para a Câmara dos Lordes. Com o auxílio de sua biblioteca, fez um relato vivo da dinâmica do capitalismo em que Marx dá as mãos a Hayek. *Marx's Revenge* [A vingança de Marx] (2002), é uma reabilitação do Marx cientista social da economia política capitalista, inspirado originalmente numa releitura de Lenin e dos economistas marxistas clássicos,

---

[95] Roberto Mangabeira Unger, *What Should the Left Propose?* (Londres, Verso, 2005), p. 166, 24-31. [Ed. bras.: *O que a esquerda deve propor?*, Rio de Janeiro, Civilização Brasileira, 2008.]

[96] Ver a coleção *Reinventing Social Emancipation: Towards New Manifestos* (Londres, Verso, 2006 em diante).

[97] Richard Sennett, *Respect in a World of Inequality* (Nova York, Allen Lane, 2003) [ed. bras.: *Respeito: a formação do caráter em um mundo desigual*, São Paulo, Record, 2004]; *The Culture of the New Capitalism* (New Haven, CT, Yale University Press, 2006) [ed. bras.: *A cultura do novo capitalismo*, São Paulo, Record, 2004]; Charles Tilly, *Durable Inequality* (Berkeley, University of California Press, 1998); Dough McAdam, Sidney Tarrow e Charles Tilly, *Dynamics of Contention* (Cambridge, Cambridge University Press, 2001).

[98] Michael Burawoy e Erik O. Wright, "Sociological Marxism", em Jonathan Turner (org.), *Handbook of Sociological Theory* (Nova York, Springer, 2002), p. 484.

ao mesmo tempo que toma uma posição agnóstica, como se fosse possível uma ordem social pós-capitalista. Também poderíamos situar aqui a historiografia da academia britânica marxista.

Os últimos anos do século XX tiveram duas leituras notáveis de Marx: *Spectres de Marx* [Espectros de Marx] (1993), de Jacques Derrida, e *The Postmodern Marx* [O Marx pós-moderno] (1998), de Terrell Carver. Derrida e Carver enxergaram Marx*es*, no plural; ambos ressaltaram com condescendência, porém criticamente, o significado político de Marx, mas como figura histórica, sem ligação com o marxismo dos movimentos atuais. Derrida situou toda a sua *oeuvre* de desconstrução "dentro de certa tradição do marxismo, com certo espírito do marxismo", enquanto iluminava sua leitura com pirotecnias literárias[99]. O pós-modernismo de Carver era "brando", do tipo que não confrontou a modernidade ou o Iluminismo e manifestou-se principalmente numa análise sensível da linguagem e das estratégias de escrita adotadas por Marx em vários textos[100].

O pós-marxismo

O termo pós-marxismo é empregado aqui em sentido amplo, em referência a escritores com formação explicitamente marxista, cujos trabalhos recentes foram além da problemática marxista e não reivindicam publicamente um engajamento marxista contínuo. Não equivale ao ex-marxismo nem é denúncia ou negação; desenvolvimento e novos desejos podem até se divorciar, mas apenas amigavelmente. As fronteiras entre o pós-marxismo e o neomarxismo se embaralharam nos últimos tempos e alguns autores importantes – por exemplo, Étienne Balibar – podem ser incluídos tanto em um quanto em outro. Nenhuma avaliação crítica é aplicada aqui ao grupo; no entanto, o termo "neomarxista" será empregado apenas a projetos teóricos que tenham como ponto de partida significativo o marxismo clássico e mantenham com ele um engajamento explícito.

Laclau e Mouffe aceitam o rótulo pós-marxista e referem-se "à reapropriação de uma tradição intelectual, bem como ao processo de ir além dela"[101]. O livro *Hegemony and Socialist Strategy*, discutido acima, pode ser considerado uma das mais importantes contribuições dessa posição. Com o emprego de uma série de abstrações admiráveis, os autores se dedicaram à teoria política marxista clássica, das sociais-democracias alemã e russa a Gramsci. Contudo, o ponto crucial de seus projetos ainda é a Revolução Francesa – em si, de Marx e Lenin

[99] Jacques Derrida, *Spectres de Marx*, cit., p. 151. Ver também a discussão do livro de Derrida em Michael Sprinker (org.), *Ghostly Demarcations* (Londres, Verso, 1999).

[100] Terrell Carver, *The Postmodern Marx* (Manchester, Manchester University Press, 1998), p. 2.

[101] Ernesto Laclau e Claus Mouffe, *Hegemony and Socialist Strategy*, cit., p. ix.

a Gramsci, uma tradição venerável – e o apelo a favor de uma "democracia radical", em que a "dimensão socialista" é realizada pelo "aprofundamento da revolução democrática".

A teoria crítica alemã foi talvez a primeira grande corrente do pós-marxismo, politicamente implícito no frio silêncio de Adorno e Horkheimer, após a Segunda Guerra Mundial, e altivamente explícita no trabalho de Jürgen Habermas. Como pós-marxista, Habermas continuou sendo um intelectual e um teórico da esquerda liberal (no sentido norte-americano), tornando-se a consciência de centro-esquerda da nação alemã ocidental – bem menos radical que Sartre, mas igualmente ouvido. Nos últimos anos, atacou questões morais relativas à engenharia genética e esforçou-se para chegar a um acordo com as implicações cada vez mais violentas e desagradáveis de um *Westbindung* [laço com o Ocidente] com os Estados Unidos – um laço com que Habermas, como alemão antinacionalista que é, sempre esteve comprometido. No contexto da invasão do Iraque, houve uma aproximação interessante, mais europeanista, entre Habermas e Derrida[102]. Aqui, porém, o que nos interessa é o programa de política dialógica de Habermas – exposto em sua obra magna sobre ação comunicativa – e sua defesa da modernidade como "projeto inacabado"[103]. Claus Offe, ex-aluno de Habermas e pós-marxista de longa data, é um dos poucos que, como cientista político de renome, manteve a preocupação marxista dos anos 1960 e 1970 com o Estado – entre outras coisas, levando-a para os Estados pós-comunistas da Europa Oriental[104].

O atual sucessor professoral da Escola de Frankfurt é Axel Honneth. Seu trabalho mais importante trata da luta pelo reconhecimento, introduzido na filosofia social moderna pela análise de Hegel da dialética da relação entre senhor e escravo. Honneth distinguiu-a em três esferas: amor, lei e solidariedade[105]. Num debate com a filósofa norte-americana Nancy Fraser, suscitado pela estridente "política identitária" dos Estados Unidos a favor da redistribuição, Honneth defendeu uma teoria normativa das experiências de injustiça que seria mais ampla do que a "antropologia mais ou menos utilitária" do marxismo[106]. De uma perspectiva igualitária, como afirmei em outra ocasião, "reconhecimento"

---

[102] Giovanna Borradori, *Philosophy in a Time of Terror: Dialogues with Jürgen Habermas and Jacques Derrida* (Chicago, University of Chicago Press, 2003). [Ed. bras.: *Filosofia em tempo de terror: diálogos com Habermas e Derrida*, Rio de Janeiro, Zahar, 2004.]

[103] Jürgen Habermas, *Theory of Communicative Action*, cit.; *Der Philosophische Diskurs der Moderne*. cit.

[104] Claus Offe, *Modernity and the State*, cit.

[105] Axel Honneth, *The Struggle for Recognition: The Moral Grammar of Social Conflict* (Cambridge, Polity, 1995). [Ed. bras.: *A luta por reconhecimento*, São Paulo, Editora 34, 2003.]

[106] Nancy Fraser e Axel Honneth, *Redistribution or Recognition?* (Londres, Verso 2003), p. 127.

pode ser visto como um aspecto crucial da igualdade existencial, uma das três dimensões fundamentais da (des)igualdade; dada a formação de Honneth, o otimismo modernista de suas observações sobre o "progresso moral" também pode nada valer[107].

O pós-marxismo não se limita à reinterpretação textual; poderia igualmente tomar a forma de novas aventuras empíricas ou comentários sociais. Dois dos mais extraordinários trabalhos que surgiram de um contexto marxista são as análises sociológicas de Manuel Castells sobre a sociedade mundial, citada acima, e a ambiciosa "midiologia" histórica de Régis Debray. Este último parte de uma crítica ao conceito marxista de ideologia, e do compromisso com a discussão althusseriana dos "aparatos ideológicos de Estado", e desenvolve-se numa exploração de *longue durée* da materialidade da comunicação midiatizada ou "mecânica da transmissão [cultural]", com foco no judaísmo e no cristianismo[108].

Teoricamente originais e habilmente construídos, esses trabalhos são, antes de tudo, contribuições não para uma teoria social, mas para uma análise social; como tal, são realizações extraordinárias. Por fim, a produção prolífica do comentário social de Zygmunt Bauman teve grande repercussão transnacional; em essência, é uma variedade sociológica do pós-modernismo. Os últimos trabalhos de Bauman vagueiam livremente, sem ser incomodados pela pesquisa ou pela análise teórica, mas sustentados por uma sabedoria de vida incomum, um olhar treinado de observador e uma escrita fluente[109].

O neomarxismo

Apesar de todas as derrotas políticas, a criatividade intelectual do marxismo não acabou. A última década viu surgir ao menos dois discursos altamente originais e implacáveis que derivam do legado marxista e se fundam nele. Já citamos a política filosófica irreverente de Slavoj Žižek, que não apenas renova radicalmente o criticismo cultural marxista, como defende com veemência um marxismo iconoclasta contra a "trapaça conformista liberal". A *oeuvre* de Žižek inclui uma viva defesa da modernidade clássica e o amplo uso do cinema popular nos comentários filosófico-culturais. Vai de encontro à sabedoria convencional, a ponto de introduzir, com comentários, uma nova seleção dos escritos de 1917

---

[107] Göran Therborn, "Understanding and Explaining Inequality", em *Inequalities of the World* (Londres, Verso, 2006), p. 186 e seg.

[108] Régis Debray, *Media Manifestos* (Londres, Verso, 1996); *Transmitting Culture* (Nova York, Columbia University Press, 2000).

[109] Zygmunt Bauman, *Intimations of Postmodernity* (Londres, Routledge, 1992); *Liquid Modernity*, cit.

de Lenin[110]. A exortação de Žižek a "repetir Lenin" traz a possibilidade de uma transformação social radical, numa situação aparentemente desesperada, após uma derrota desastrosa – no caso de Lenin, a Primeira Guerra Mundial e o esfacelamento da Segunda Internacional.

A segunda grande manifestação de neomarxismo, *Império* e *Multidão*, de Hardt e Negri, afirma ter encontrado a saída revolucionária do século XXI: "Essa é uma revolução que nenhum poder controlará – porque o biopoder e o comunismo, a cooperação e a revolução permanecem juntos, no amor, na simplicidade e também na inocência. Esse é o brilho irresistível e o prazer de ser comunista". Ou ainda:

> A possibilidade de democracia em escala global surge hoje pela primeira vez [...]. Após um longo período de violência e contradição [...] o acúmulo extraordinário de protestos e propostas de reforma em algum momento deve ser transformado por um grande acontecimento em exigência insurrecional radical [...]. No tempo certo, um acontecimento nos arremessará como uma flecha nesse futuro [já] vivo.[111]

Hardt e Negri também se referem ao Lenin de *Estado e Revolução** como uma inspiração para a "destruição da soberania", embora combinada aqui com a concepção madisoniana de freios e contrapesos. Os dois trabalhos têm muitas características em comum, além do radicalismo otimista e do sucesso de vendas internacionais. São ambos essencialmente trabalhos de filosofia política – se consideramos que os livros mais importantes de Žižek são *Eles não sabem o que fazem: o sublime objeto da ideologia* (1989)** e *O sujeito incômodo* (1999) –, e não de teoria social. Negri e Žižek são filósofos profissionais, enquanto Hardt, ex-aluno de Negri em Paris, é um teórico literário com orientação filosófica. Os dois conjuntos de autores escrevem com verve e gosto num estilo barroco de *assemblage*, mostrando erudição e capacidade de associação assombrosas com um grande número de campos e tradições, em alta velocidade e sem tempo para contextualizações históricas ou investigações empíricas. Diferentes variantes do comunismo dissidente, e uma família de origem mais similar na corrente comunista dominante, formam o pano de fundo político de Negri e Žižek: respectivamente, a violenta e espontânea extrema-esquerda italiana e a tortuosa mistura eslovena de comunismo e dissidência. Ambos seguem a

---

[110] Ver respectivamente: *Did Somebody Say Totalitarianism?* (Londres, Verso, 2002); *Ticklish Subject*, cit.; *Às portas da revolução*, cit.

[111] Respectivamente, Michael Hardt e Antonio Negri, *Empire*, cit., p. 413, os itálicos foram omitidos; *Multitude* (Cambridge, Penguin Putnam, 2004), p. xi, 358 [ed. bras.: *Multidão*, Rio de Janeiro, Record, 2005].

* Vladimir I. Lenin, *Estado e revolução* (São Paulo, Martins Fontes, 1986). (N. T.)

** Rio de Janeiro, Zahar, 1992. (N. E.)

prática do marxismo ocidental no sentido de ler e usar Marx através das lentes de outras grandes tradições intelectuais europeias – sobretudo a psicanálise de Lacan, mas também um espectro filosófico cujo centro é Heidegger, no caso de Žižek, e a filosofia de Spinoza, no caso de Negri. Além disso, o estilo brilhante desses pensadores atraiu leitores muito distantes de suas próprias posições políticas ou filosóficas.

Um dos últimos livros de Žižek, *A visão em paralaxe*, é apresentado como seu "trabalho mais substancial em muitos anos". Gira em torno de uma metáfora escolhida a dedo: paralaxe é "o deslocamento aparente de um objeto (mudança de sua posição em relação ao fundo) causado pela mudança do ponto de observação que permite nova linha de visão". Mas essa obra ambiciosa, no estilo usual do autor, com associações, anedotas, filmes e choques polêmicos, também mostra o pouco retorno desse tipo de crítica sem freios. Apesar de Žižek ainda tirar algumas ideias interessantes da cartola, muitas de suas discussões temáticas carecem tanto de agudeza quanto de profundidade analítica – por exemplo, sua perseverante refutação do palavreado sionista do lacaniano Jean-Claude Milner; seu respeitoso ceticismo em relação à "defesa exaltada" que Alain Badiou faz do terror revolucionário; ou sua analogia napoleônica para dar apoio à sua tese da "necessidade histórica [do] resultado stalinista" da Revolução de Outubro[112].

Se Žižek pode dizer: "Não tenho nada a ver com a sociologia"[113], o trabalho de Hardt e Negri pertencem diretamente à análise social – apesar do seu estilo filosófico franco-italiano. Sua abordagem gira em torno de dois conceitos-chave, império e multidão, ambos emprestados de Spinoza. Eles interpretaram o *imperium* de Spinoza como soberania simplesmente, e em seus trabalhos esse conceito não tem a concretude material de um império romano ou britânico, por exemplo. É antes uma rede global para a qual o poder soberano, partindo dos Estados nacionais, imigrou e, nesse sentido, é "um passo além", como afirmam de um modo tipicamente modernista esses autores de uma pós-modernidade autoproclamada. A "multidão" aparece em concomitância com o império; ela substitui o "proletariado" marxista e o "povo" da teoria democrática clássica. Os "trabalhadores de massa" da extrema-esquerda italiana dos anos 1960-1970 são agora descritos (globalmente) como "intelectualidade de massa". A multidão é composta igualmente de todos os trabalhadores e "pobres" do planeta, cada vez mais interligados no espaço mundial "aplainado" de uma sociedade civil claudicante e fronteiras nacionais em declínio por relações e conhecimentos

---

[112] Slavoj Žižek, *A visão em paralaxe* (São Paulo, Boitempo, 2008), p. 32, 428 e 387.

[113] Slavoj Žižek e Glyn Daly, *Conversations with Žižek*, cit., p. 32.

comuns. Sua prática trará a democracia global, "um futuro já vivo". O socialismo continua ausente dessa visão profética[114].

Pela ênfase dada à informação e às redes, especialmente como novo locus da soberania, há uma semelhança diagnóstica entre o trabalho de Hardt e Negri e a análise empiricamente embasada de Castells a respeito do fim do milênio. A divergência mais importante entre eles está na diferenciação social. Em contraste com a multidão global "numa virtuosa espiral em expansão" da comunhão[115], Castells define a "clivagem social fundamental da era da informação":

> Em primeiro lugar, a fragmentação interna do trabalho entre os produtores da informação e o trabalho genérico substituível. Em segundo lugar, a exclusão social de um segmento significativo da sociedade, formado por indivíduos descartados, cujo valor como trabalhadores/consumidores está exaurido e cuja relevância como povo é ignorada.[116]

Um trabalho empírico grandioso sobre os trabalhadores do mundo, *Forças do trabalho*, de Beverly Silver, citado acima, termina com uma observação similar à de Castells:

> não há razão para se esperar que, só porque o capital julga ser lucrativo tratar todos os trabalhadores como equivalentes de troca, os próprios trabalhadores avaliem que lhes seja interessante aceitar essa condição. Pelo contrário, seres humanos inseguros (incluindo trabalhadores) têm boas razões para insistir na importância de divisões e delimitações que não as de classe (por exemplo, raça, cidadadania, gênero).[117]

Enquanto os *best-sellers* de Hardt e Negri, assim como os de Žižek, dão testemunho da criatividade e da atração das tradições marxistas, leitores mais voltados para a sociologia serão no mínimo céticos quanto à invocação da afirmação de Spinoza de que o "desejo profético é irresistível" e de que "o profeta pode produzir seus próprios seguidores"[118].

Uma esquerda resistente

A trajetória recente do marxismo também abrange um tipo de resistência que abre caminho através das adversidades de um terreno desconhecido. A *New*

---

[114] Respectivamente, Michael Hardt e Antonio Negri, *Empire*, cit., p. 43, 336; *Multitude*, cit., p. 348-50, 358.

[115] Idem, *Multitude*, cit., p. 350.

[116] Manuel Castells, *The Information Age*, cit., p. 346, v. 3; os itálicos foram omitidos.

[117] Beverly Silver, *Forças do trabalho*, cit., p. 171.

[118] Michael Hardt e Antonio Negri, *Empire*, cit., p. 65.

Left Review de Londres tornou-se o principal divulgador do pensamento social de esquerda, ao menos no mundo anglófono – e, de fato, *hors pair* em outras línguas, como o francês e o espanhol (já existe uma edição em espanhol, que se junta a suas colegas em italiano, grego e turco) – e foi relançada com sucesso em 2000 com um manifesto de intransigência, de "realismo irredutível"[119]. Perry Anderson, a mente por trás da *New Left Review* há mais de quarenta anos, e quem comandou o relançamento, é não só um grande historiador marxista, como também um mestre da crítica intelectual, e é capaz de aplicar esse poder crítico ao próprio marxismo[120].

Historicamente, a *New Left Review* poderia ser considerada uma revista neomarxista, sempre sensível às inovações teóricas, discretamente entusiasmada pela economia política pura e manifestamente indiferente às exegeses e às polêmicas concomitantes. Brilhantismo e radicalismo são os critérios de publicação da *New Left Review*, jamais a ortodoxia. Isso é resultado de sua insignificância política no curto prazo, embora a revista tenha feito contribuições de e sobre movimentos sociais radicais, do movimento estudantil dos anos 1960 ao movimento *altermondialiste* dos anos 2000. E seu radicalismo político franco não impediu que fosse incluída no Social Sciences Citation Index [Índice de Citações em Ciências Sociais].

Outros porta-vozes importantes do marxismo europeu também sobreviveram – entre eles, três publicações alemãs, *Das Argument*, *Prokla* e *Sozialismus* (originalmente intitulada *Contributions to Scientific Socialism*), que ainda têm mais uma geração pela frente, e britânica *Capital and Class*. O par filosófico-feminista Wolfgang Fritz e Frigga Haug ainda dirige *Das Argument* e o economista Elmar Altvater dirige *Prokla* (acrônimo de "problemas das lutas de classes"). As revistas geralmente intelectuais ou diretamente interessadas em política são mais vulneráveis. A francesa *Les Temps Modernes* sobreviveu à morte de Sartre e Beauvoir, mas já não é mais uma grande publicação de esquerda. A revista britânica *Marxism Today*, outrora tão animada, sucumbiu com o fim da União Soviética. Na Itália, a *Rivista del Manifesto* fechou em 2004.

Novas revistas foram lançadas, em geral com o apoio de grandes editoras. A *Historical Materialism* foi lançada pela editora holandesa Brill, em Leiden. A *Rethinking Marxism* é publicada pela Routledge dos Estados Unidos, que também comandou o relançamento (ainda sob a direção de seu antigo editor) da revista

[119] Perry Anderson, "Renewals", *New Left Review*, Londres, Verso, v. 2, n. 1, jan.-fev. 2000, p. 14.

[120] Idem, *Considerações sobre o marxismo ocidental / Nas trilhas do materialismo histórico*, cit.; *A Zone of Engagement* (Londres, Verso, 1992) [ed. bras.: *Zona de compromisso*, São Paulo, Unesp, 1996]; *The Origins of Postmodernity*, cit.

antissoviética *Critique* – lançada pela primeira vez no fim Guerra Fria – como uma "revista de teoria socialista". As revistas norte-americanas que sobreviveram à Guerra Fria, como *Monthly Review* e *Science and Society*, também resistiram à vitória norte-americana. O anuário britânico *Socialist Register* agora é editado em Toronto. Até a França tem algumas revistas pós-crise, como a militante e filosoficamente orientada *Actuel Marx*.

Do modo como lutaram, os partidos comunistas europeus e seus sucessores mostraram pouca resistência intelectual. A maioria dos ex-partidos comunistas da Europa Oriental situa-se à direita da social-democracia escandinava. O maior partido comunista europeu – o italiano – rompeu recentemente com a social-democracia e abraçou a "democracia" pura. O antigo Partido do Socialismo Democrático da Alemanha Oriental, inovador e autocrítico, e a Fundação Rosa Luxemburgo ainda mantêm certo compromisso com o marxismo, como os outros dois partidos "ortodoxos" que restaram, o grego e o português.

A grande enciclopédia do marxismo perseverante é *Historisch-Kritisches Wörterbuch des Marxismus*, dirigida pelos Haugs e publicada por *Das Argument*, em Hamburgo, em cooperação com a Universidade Livre de Berlim e a Universidade de Economia e Política de Hamburgo. Com seu alto grau de obstinação intelectual, esse dicionário é um exemplo único de não rendição. Concebido nos anos 1980 e lançado em 1994, foi planejado para ter quinze volumes ou mais. Apesar de ser em grande parte um projeto alemão, entre seus oitocentos colaboradores estão Étienne Balibar, Pablo González Casanova e outras personalidades internacionais. Há uma página trilíngue na internet: www.hkwm.de. O sexto volume, lançado em 2004, nos fez "Justiça". Nesse ritmo bianual, o projeto será concluído em 2022. Aqui, "marxismo" não só é entendido em seu sentido mais amplo, como também é lido por um prisma sociocultural abrangente. Para citar alguns exemplos, há verbetes sobre Brecht, dupla jornada e *Dummheit in der Musik* (estupidez na música).

Os anos 1990 também viram uma tentativa ambiciosa de "reconstrução" exegética da crítica da economia política de Marx em *Time, Labor and Social Domination* [Tempo, trabalho e dominação social] (1993), de Moishe Postone, e uma defesa corajosa e didática do pensamento dialético por outro norte-americano, Bertell Ollman, em *Dialectical Investigations* [Investigações dialéticas] (1992)[121]. A leitura de Postone leva os conceitos de valor e *commodity* a um nível de abstração para além da análise socioeconômica, a uma concepção de dominação social – reminiscência da "jaula de ferro"

[121] Ollman continua o ensino dialético no novo milênio, agora com uma coreografia de pesquisa dialética, *Dance of the Dialectic* (Urbana, University of Illinois Press, 2003), p. 169.

de Max Weber – que "sujeita o povo a imperativos estruturais e coerções impessoais cada vez mais racionalizados, que não podem ser captados de maneira adequada em termos de dominação de classe [...]. Eles não têm um *locus* determinado"[122]. Quanto à evidência comercial do interesse persistente pelo marxismo, poderíamos citar a série "retrospectiva" sobre Marx e seu trabalho, lançada pela Routledge nos anos 1990, cujos oito volumes sobre o pensamento social e político de Marx, editados por Bob Jessop, são os mais pertinentes aqui[123].

Um monumental documento de resistência, pensado nada menos do que como uma enciclopédia, é *Critical Companion to Contemporary Marxism* [Compêndio crítico ao marxismo contemporâneo] (2007)[124], de quase oitocentas páginas, publicado pela revista *Historical Materialism* e editado pelos filósofos franceses Jacques Bidet e Stathis Kouvelakis. Bidet realizou também outra grande tentativa de "reconstrução" do marxismo, com base na dupla "matriz da modernidade" mercado e organização. O tom do *Companion* é predominantemente filosófico francês – é publicado sob os auspícios do Ministério da Cultura da França, apesar de sair em inglês na Holanda –, mas cobre um campo vasto, principalmente de explicação textual e história intelectual contemporânea. Sua contribuição mais interessante, embora não explanatória, é uma visão detalhada do destino recente do marxismo, como teoria filosófica e acadêmica, na Itália e França, escrita por André Tosel.

Exemplos individuais de perseverança são muitos e, mais uma vez, estendem-se por um campo disciplinar muito mais amplo do que a teoria social. Contudo, dois merecem ser incluídos nessa seleção inevitavelmente limitada e parcial. Entre os poucos sobreviventes políticos dos acontecimentos de 1968, Daniel Bensaïd é um trotskista de vanguarda e autor do bem escrito *Marx for Our Times* [Marx para os nossos tempos]. Do outro lado do canal, Alex Callinicos é provavelmente o escritor marxista mais prolífico do momento, com uma obra filosófica, social e política de longo alcance[125].

Numa seleção recente e, de certo modo, assistemática de autobiografias de sociólogos dos anos 1960, dois em particular – Michael Burawoy e Erik Olin

[122] Postone, resumindo seu próprio livro; ver "Critique and Historical Transformation", *Historical Materialism*, v. 12, n. 3, 2004, p. 59.

[123] Bob Jessop e Charlie Malcolm-Brown (orgs.), *Karl Marx's Social and Political Thought* (Londres, Routledge, 1990, 4 v.); segunda série, Bob Jessop e Russell Wheatley (orgs.), *Karl Marx's Social and Political Thought* (Londres, Routledge, 1999).

[124] Coleção *Historical Materialism* (Leiden, Brill, 2007).

[125] Como pequeno exemplo, ver Alex Callinicos, *Against Postmodernism* (Houndmills, Palgrave Macmillan, 1990); *An Anti-Capitalist Manifesto* (Cambridge, Polity, 2003) e *The Resources of Critique* (Cambridge, Polity, 2006).

Wright – mantêm erguida a bandeira do marxismo[126]. Burawoy é etnógrafo do trabalho incisivo e teoricamente compulsivo; Wright é um pesquisador das estruturas de classe não menos compulsivo, que também tem sinalizado um projeto conjunto de construir um "marxismo sociológico"[127]. Quão longe isso pode ir na prática é o que ainda vamos ver, mas, como proposta, é o projeto mais academicamente ambicioso de marxismo resistente, com grande potencial. Se a intenção é inovadora – "construir" –, a reintrodução da agenda política marxista e a analítica central, subtraída a teoria do valor, tornam "resistente" um epíteto mais apropriado que "neo". O marxismo sociológico de Burawoy e Wright tem um engajamento explicitamente normativo e científico, ligado ao "projeto político de mudar o capitalismo como ordem social". Seu núcleo sociológico é o conceito de classe como exploração, com agenda de pesquisa que vai de uma teoria da "reprodução contraditória das relações contraditórias de classe" – em essência, uma análise marxiana do capitalismo e de suas instituições políticas e ideológicas, embora privada de seu invólucro histórico-filosófico original. Aqui, é intrínseca a suposição de que a dialética capitalista ainda está em ação, mas numa versão mais suave, de certo modo:

> Em primeiro lugar, a dinâmica do desenvolvimento capitalista gera mudanças na tecnologia, no processo de trabalho, na estrutura de classe, nos mercados, e em outros aspectos das relações capitalistas, e essas mudanças impõem continuamente novos problemas de reprodução social [...]. Em segundo lugar, os atores das classes adaptam suas estratégias de modo a tirar vantagem da debilidade dos arranjos institucionais existentes. Com o tempo, essas estratégias adaptáveis tendem a corroer a habilidade que as instituições de reprodução social têm de regular e conter efetivamente as lutas de classes.[128]

A reprodução é especialmente problemática e conflituosa para as relações de classe: "As relações sociais no interior das quais os interesses antagônicos são gerados terão uma tendência inerente a gerar conflitos, nos quais aqueles que são lesados tentarão mudar a relação em questão"[129]. Ao invés de demonstrar o poder de seu programa, os autores se desviam para uma de suas utopias favoritas: a "renda básica universal"; mas isso não diminui o imenso valor da reformulação concisa, concreta e clara do marxismo como ciência contemporânea. Embora tenham consciência das implicações de um "ismo" do

---

[126] Alan Sica e Stephen Turner (orgs.), *The Disobedient Generation* (Chicago, University of Chicago Press, 2005).

[127] Michael Burawoy e Erik O. Wright, "Sociological Marxism", cit., p. 459-86.

[128] Ibidem, p. 473.

[129] Ibidem, p. 474.

século XIX, Burawoy e Wright o mantêm como indicador de pertencimento e continuação de uma tradição[130].

Olhando para a frente

O que surge desse panorama é, antes de tudo, o efeito incerto do triângulo rompido do marxismo clássico – política, ciência social e filosofia. Na região do Atlântico Norte (e no resto do mundo não é muito diferente, com algumas exceções na América Latina), a política marxista desapareceu ou foi completamente marginalizada; na melhor das hipóteses, como diria um observador simpático a Kerala, Tripura ou Bengala Ocidental, ela foi suspensa. O horizonte socialista vermelho vivo de três décadas atrás desapareceu.

Por outro lado, a criatividade intelectual da esquerda não acabou. Seus grandes momentos podem ter passado: não só o momento de Marx e Engels, mas também o da Segunda Internacional, de Kautsky a Lenin; o do marxismo ocidental, de Lukács a Gramsci; o do marxismo do Oriente e do Sul, de Mao a Mariátegui; e até os momentos recentes de Althusser, Bourdieu e seus equivalentes nacionais. Mas há muito mais produção intelectual de esquerda hoje do que, digamos, há quarenta ou cinquenta anos. A geração dos anos 1960, em particular a dos radicais anteriores ao momento romântico de 1968, não se rendeu. O valor das mudanças temáticas no discurso, como dissemos acima, é discutível, mas elas não parecem ser objetos promissores de denúncia. O atual repertório de posições dificilmente agradará a todos, mas tem pontos de união para quase toda a esquerda.

Entretanto, as experiências formadoras de cada geração tendem a ter efeitos duradouros, e a distância crítica deste escritor é suspeita, obviamente. Suas visões são as de alguém da geração de 1960 que escreve sobre seus contemporâneos, sobre seus camaradas ou antigos camaradas. E as perspectivas futuras?

O capitalismo ainda produz e continuará a produzir um sentimento de indignação. Nesse sentido, a linha de continuidade que vai do século XIX ao século XXI, passando pelo século XX, persistirá tanto em termos de resistência quanto de crítica. Os futuros filósofos certamente publicarão novas leituras de Marx. Os resistentes e os críticos anticapitalistas do século XXI dificilmente esquecerão os horizontes socialistas e comunistas dos últimos duzentos anos. Mas é duvidoso, talvez até improvável, que assistam ao surgimento de um futuro diferente com essas mesmas cores. Novas coortes de cientistas sociais anticapitalistas virão e muitos lerão Marx, mas é duvidoso que considerem significativo

---

[130] Ibidem, p. 460.

chamar a si mesmos de marxistas. O triângulo marxista clássico foi rompido e é improvável que seja restaurado.

A resistência da esquerda nos anos 1960 provocou um rompimento histórico importante. Essa geração viveu o ápice e o começo do declínio da força da classe trabalhadora no capitalismo desenvolvido. Viu a imagem da revolução em 1968 e a implosão da perspectiva revolucionária em 1989-1991, uma perspectiva que se abriu em 1789 e 1917. Nesse ínterim, experimentou a revolução sexual e de gênero do fim do século XX. Foi a geração que viveu e criticou o auge do capitalismo do Atlântico Norte e ainda testemunhou o retorno do Sul e do Leste Asiático ao palco principal do mundo.

Por razões contingentes e práticas – a disponibilidade de espaço e tempo e as limitações linguísticas –, esse panorama restringiu-se à região norte-atlântica/norte-americana. Essa ainda é a região de onde partem os bombardeios e os mísseis mais letais, mas não é mais o palco principal, em que se decidirá o destino do capitalismo no século XXI. Daí a importância extraordinária da teorização global e, mais ainda, das pesquisas empíricas globais.

O novo *élan* radical da América Latina aguarda análises mais profundas. Do cruzamento do marxismo indigenista pacifista com a criatividade "pós-colonial" da brilhante diáspora intelectual do Sul Asiático, deveria surgir algo que se elevasse ao nível da importância e da intrigante complexidade da região. A pequena *intelligentsia* chinesa da esquerda tem a vantagem incomparável de estar na primeira fileira da virada na história mundial. Essas são fontes de que se podem esperar contribuições inestimáveis, não apenas na direção de um entendimento melhor do mundo, mas também de perspectivas de mudanças.

Na situação atual, certa *humildade desafiadora* parece ser a atitude intelectual mais adequada. Desafiadora diante das forças ainda poderosas do capital e do império. Humildade diante do novo mundo por vir e do aprender e desaprender que isso exigirá.

Índice onomástico

K

L

M

N

O

P

Sobre o autor

Nascido em 1941 em Kalmar, na Suécia, Göran Therborn é Ph.D. em Sociologia pela Universidade de Lund (Suécia) e, desde 2006, professor-emérito (atualmente aposentado) e diretor de pesquisa na Universidade de Cambridge. Foi professor de Ciência Política na Universidade Católica de Nimegue (Países Baixos), entre 1981 e 1987, professor de Sociologia na Universidade de Gotemburgo (Suécia), entre 1987 e 2003, e professor de Sociologia na Universidade de Uppsala (Suécia), entre 2003 e 2006. Em setembro de 2007, foi nomeado doutor *honoris causa* pela Universidade de Roskilde (Dinamarca).

Nos anos 1970 e 1980, publicou uma série de obras teóricas marxistas, mas desde o início da década de 1990 seu trabalho foca-se principalmente nos estudos sobre modernidades comparadas, sociedade europeia e processos globais. *Do marxismo ao pós-marxismo?* é uma retomada dos estudos desenvolvidos nas décadas anteriores. Entre suas publicações mais importantes estão *Science, Class and Society* (Londres, NLB, 1976), *What Does the Ruling Class Do, When It Rules?* (Londres, NLB, 1978), *The Ideology of Power and the Power of Ideology* (Londres, NLB, 1980), *Why Some Peoples are More Unemployed Than Others* (Londres, Verso, 1986), *European Modernity and Beyond: The Trajectory of European Societies, 1945-2000* (Londres/Califórnia, Thousand Oaks/ Sage, 1995) e *Between Sex and Power: Family in the World, 1900-2000* (Londres, Routledge, 2004 [*Sexo e poder*, Contraponto, 2006]). Em 2000, foi editor convidado da revista *International Sociology* (v. 15, n. 2), na edição especial "Globalizations are Plural". Em 2011, publicou *The World: a Begginer's Guide Guide* (Cambridge, Polity).

OUTRAS PUBLICAÇÕES DA BOITEMPO

Brasil: uma biografia não autorizada
FRANCISCO DE OLIVEIRA
Apresentação de **Fabio Mascaro Querido** e **Ruy Braga**
Orelha de **Marcelo Ridenti**

Dominação e resistência
LUIS FELIPE MIGUEL
Orelha de **Juarez Guimarães**

Esquerdas do mundo, uni-vos!
BOAVENTURA DE SOUSA SANTOS
Orelha de **Guilherme Boulos e Tarso Genro**
Quarta capa de **Nilma Lino Gomes**

Gênero e desigualdades: limites da democracia no Brasil
FLÁVIA BIROLI
Orelha de **Céli Pinto**
Quarta capa de **Albertina de Oliveira Costa**

A liberdade é uma luta constante
ANGELA DAVIS
Organização de **Frank Barat**
Tradução de **Heci Regina Candiani**
Prefácio à edição brasileira de **Angela Figueiredo**
Prefácio de **Cornel West**
Orelha de **Conceição Evaristo**

A nova segregação: racismo e encarceramento em massa
MICHELLE ALEXANDER
Tradução de **Pedro Davoglio**
Revisão técnica e notas de **Silvio Luiz de Almeida**
Apresentação de **Ana Luiza Pinheiro Flausina**
Orelha de **Alessandra Devulsky**
Quarta capa de **Eliane Dias**

Manifesto Comunista/Teses de abril
KARL MARX E FRIEDRICH ENGELS/ VLADÍMIR ILÍTCH LÊNIN
Com textos introdutórios de **Tariq Ali**

COLEÇÃO TINTA VERMELHA

Por que gritamos golpe?
IVANA JINKINGS, KIM DORIA E MURILO CLETO (ORGS.)
Apresentação de **Ivana Jinkings**
Quarta capa de **Luiza Erundina e Boaventura de Sousa Santos**

COLEÇÃO MARX-ENGELS

Diferença entre a filosofia da natureza de Demócrito e a de Epicuro
Karl Marx
Tradução de **Nélio Schneider**
Apresentação de **Ana Selva Albinati**
Orelha de **Rodnei Nascimento**

COLEÇÃO ESTADO DE SÍTIO

Coordenação de Paulo Arantes

Comum: ensaio sobre a revolução no século XXI
Pierre Dardot e Christian Laval
Tradução de **Mariana Echalar**
Orelha de **Eleutério Prado**

COLEÇÃO MARXISMO E LITERATURA

Coordenação de Michael Löwy

Ensaios sobre Brecht
Walter Benjamin
Tradução de **Claudia Abeling**
Posfácios de **Sérgio de Carvalho** e **José Antonio Pasta**
Orelha de **Iná Camargo Costa**

COLEÇÃO MUNDO DO TRABALHO

Coordenação de Ricardo Antunes

Gênero e trabalho no Brasil e na França
Alice Rangel de Paiva Abreu, Helena Hirata e
Maria Rosa Lombardi (orgs.)
Tradução de **Carol de Paula**
Prefácio de **Tatau Godinho**
Orelha de **Renata Gonçalves**
Quarta capa de **Miriam Nobre**

COLEÇÃO CLÁSSICOS BOITEMPO

Tempos difíceis
Charles Dickens
Tradução de **José Baltazar Pereira Júnior**
Orelha de **Daniel Puglia**
Ilustrações de **Harry French**

LITERATURA

Estação Perdido
China Miéville
Tradução de **José Baltazar Pereira Júnior** e **Fábio Fernandes**
Orelha de **Fausto Fawcett**

SELO BARRICADA

Conselho editorial Gilberto Maringoni e Luiz Gê

Marx: uma biografia em quadrinhos
Anne Simon e Corinne Maier
Tradução de **Mariana Echalar**
Letras de **Lilian Mitsunaga**

SELO BOITATÁ

O capital para crianças
Joan R. Riera (adaptação)
Ilustrações de **Liliana Fortuny**
Tradução de **Thaisa Burani**

Meu crespo é de rainha
bell hooks
Ilustrações de **Chris Raschka**
Tradução de **Nina Rizzi**

O Deus Dinheiro
Karl Marx ilustrado por Maguma
Tradução de **Jesus Ranieri e Artur Renzo**

Este livro foi composto em Adobe Garamond Pro, corpo 11/13,2, e reimpresso em papel Pólen Soft 80 g/m² pela gráfica Forma Certa, para a Boitempo, em abril de 2018, com tiragem de 300 exemplares.